日光国立公園

那須平成の森
フィールドガイド

元那須平成の森センター長　　　　　　若林正浩
元那須平成の森インタープリター　　若林千賀子　著

まえがき

　那須平成の森は日光国立公園内にある環境省が所管する自然公園で、2011年（平成23年）に開園し国民に開放されました。場所は栃木県最北部、那須岳の南麓、標高600mから1,400mのなだらかな斜面上に位置しています。広さは560haで、東京ディズニーランドが11個入るほどの広さがあります。標高1,000m付近には中心施設となるフィールドセンターがあり、常駐するスタッフによって公園全体が管理運営されています。

　那須岳は分水嶺で、その南側に位置する那須平成の森は太平洋側の気候と言えますが、標高からも分かるように気候は冷涼で夏は30度を超えることは稀ですが、一方冬はマイナス10度ほどまで下がります。また、太平洋側と言っても積雪は膝から腰くらいの深さになり、積雪量は年によって大きく変わります。

　那須平成の森は現在はほとんど人工物がなく、ミズナラを中心とした森林ですが、1926年（大正15年）頃は那須駒という馬を生産する牧場（草原）が広がっていました。それがなぜ森林に変わっていったかその経緯については後述しますが、現在までの100年近い間に、生物が多様に暮らす、生態系の整った自然環境に変化していったと言えます。

　前置きが長くなりましたが、これまで述べてきたような自然環境のもとで、那須平成の森がこれまで活動してきたこと、ガイドウォークのルートの紹介、働く者でしか知り得ない話題、そして、四季を通して目の前に現れる自然物の紹介を取りまとめて、私たちは「フィールドガイド」として著わすことにしました。内容については、私たちが感じたことをありのままに表現するように努めました。その方がより読者に伝わると考えたからです。また、那須平成の森で実施するガイドウォーク（有料）の際持ち歩いてテキスト的に使えますし、ガイドウォークの思い出として1冊お手元に置かれても良いと思ます（注：購入していただく必要があります）。もちろん、那須平成の森に行かれたことがない方にも那須平成の森の活動をご理解いただけるよう、分かりやすい表現を心がけました。

　どうぞ多くの皆様に本書を手に取ってお読みいただきたいと思います。そして、少しでも那須平成の森の活動にご理解をいただければ、私たちにとりましてこの上ない喜びです。

目次

＊掲載したガイドウオークのルートは、事情により実施を休止する場合があります。直接「那須平成の森フィールドセンター」にお問合せください。

＊「学びの森」の地図は管理上、掲載することができません。「フクロウルート」「ノウサギルート」「カモシカルート」「ムササビルート」「ロイヤルルート」「余笹新道」のルート地図は、明示できませんことをご了承ください。

はじめに　那須平成の森の成り立ちと歴史

那須御用邸の一部が那須平成の森に

　那須平成の森の敷地はもともと那須御用邸の用地でした。昭和天皇がまだ皇太子（大正13年1月にご成婚）であった1926年（大正15年）、ご成婚後の静養地として那須に御用邸が設置され、それ以来天皇家の静養地として現在に至りました。

　昭和天皇は海の生物の研究者であると共に、那須に来られた時は植物の分類の研究もされていました。採集に際してはとても気にかけておられたようで、「どんなに標本にしたいとお思いになるものがあっても、1株や2株では絶対に御採集にならない。（中略）その物がその場所に絶滅することがないように、保護を続けておいでになるのである。」（昭和天皇著『那須の植物』より、「陛下と植物」入江相政）と侍従であった入江氏が述べています。昭和天皇の科学者としてのエピソードが良く表現されています。昭和天皇は、この書物の他、『那須の植物誌』『那須の植物誌 続編』を上梓され、共に自然保護に役立つ資料として価値があるものです。

　昭和天皇の後を継がれた明仁天皇も毎年那須にご静養に来られていましたが、那須御用邸用地の動植物について正確な記録を残したいという陛下のお気持ちから、栃木県立博物館が1997年（平成9年）度から2001年（平成13年）度までの5カ年をかけて調査を行いました。その結果、哺乳類20種、鳥類79種、爬虫類9種、両生類12種、維管束植物762種、菌類207種、昆虫類2,906種などが確認されました（この数は2002年度以降の調査の結果増えた種も含みます。今現在は更に増加しています）。そして、「豊かで多様な自然環境を維持しつつ、国民が自然に直接ふれあえる場として活用してはどうか」との陛下のお考えを踏まえ、2008年（平成20年）宮内庁から環境省に所管換えになりまし

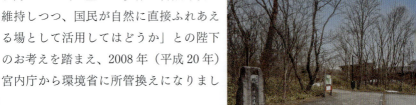

日光国立公園　那須平成の森

た。それから諸般の準備を整え終えた約3年後の2011年5月22日、国際生物多様性の日、日光国立公園 那須平成の森として、開園を迎えたのです。

茶臼岳噴火から森が形成されるまで

　那須平成の森は那須岳（茶臼岳）の南麓に位置します。茶臼岳は約16,000年前に大噴火を起こし、現在の那須平成の森は表土の約半分がその時の火砕流堆積物で覆われてしまいました。茶臼岳は現在も火山として活動していて、頂上部はガレ場になっていて植物もほとんど生えていません。噴火当時は那須平成の森周辺もそのような光景で

朝焼けに染まる那須岳

あったでしょう。そこに長い年月をかけて植物が根を張るようになり、草本から樹木、森林へと遷移していったと考えられます。

　やがて、人々の生活の場が広がっていきます。那須平成の森から約5キロ離れた所にある那須温泉は、630年（舒明2年）に開湯されたと言われ、文献で初めて登場するのは738年（天平10年）の正倉院文書「駿河国正税帳」です。随分昔から人が入り込むようになったわけですが、那須平成の森周辺がいつ頃から歴史上に現れるかは定かではありません。1933年（昭和8年）現国土地理院発行の地図を見ますと、那須湯本までは車道はあるようです。しかしその先福島県にかけて那須平成の森を横断するのは、歩かなければならないような破線で示された道が3本、そして、福島県の現白河市から北温泉に向かう道（やはり歩道と思われるが荷馬車が通行できる幅がある）が実線で1本那須平成の森を縦断する形で示されています。そしてそれ以外で注目したいのは、現在の那須平成の森フィールドセンター付近に「那須牧場」の表記があることです。周辺に目をやると、軍馬小屋、小田倉牧場、真船牧場と、牧場の名前が連続します。時代背景から太平洋戦争前の時代であり、軍馬の生産が盛んであったことが分かります。つまり、那須平成の森周辺は現在のような森林ではなく、馬を放牧するための牧草地が広がっていたこと

になります。また、当時燃料として必要だった薪の切り出しや炭焼きなども行われていたこと、北温泉に通じる道では人の往来も盛んであったでしょう。これらのことを総合すると、1933年（昭和8年）当時は、那須平成の森周辺は人が積極的に関わっていた場所であったことが分かります。

　では、なぜ現在那須平成の森はうっそうと広がる森林となったのでしょうか？　それは1926年（大正15年）に当地が那須御用邸用地の一部になったことが大きく影響していると考えられます。まず、一般の人々が入りづらくなっていきます。次に燃料としての薪の伐採も電気やガスなどにとって代わられます。そして動力源として活用されてきた馬も自動車などの動力の登場によって需要がなくなります。馬の放牧面積もどんどん縮小し1980年（昭和55年）頃を最後に無くなっていきました。すると、今まで積極的に活用されていた土地は手つかずの状態となっていきます。1926年と那須平成の森が開園した2011年をひとつの基準とすると、85年ほどで自然環境は単調な草原環境から複雑な仕組みの森林に遷移していった、ということになります。様々な植物が花を咲かせばその蜜を吸いに昆虫が、昆虫を餌とする野鳥が、更に生態系の頂点に立つ哺乳類が、というふうに生物が多様に暮らせ生態系が整った森へと変化していったのです。私たちは、人々によって一旦壊された自然環境が元の姿に戻っていく、その過程を今、目の当たりにしていることになります。

那須平成の森の役割

　那須平成の森では、「豊かで多様な自然環境を維持しつつ、国民が自然に直接ふれあえる場として活用してはどうか」との明仁天皇のお考えのもと、草原だった場所がもとの森林の姿に戻っていく過程で起きてきた自然の変化を、様々な形で来園される皆様に伝える活動をしています。主

フィールドセンター（背後は茶臼岳）

催のガイドウォークがその中心的なプログラムですが、30分無料ミニプログラム、受託団体への自然体験プログラム、森林管理や自然のモニタリング（調査）プログラム、地域の学校への出前授業、そしてフィールドセンター内の展示など、種々のアプローチで来園されるお客様に楽しんでいただけるよう工夫しています。私たちの最終的な目的は、那須平成の森の数々の自然体験プログラムを通して、体験された方々が自然環境問題に対して自ら一歩踏み出していけるようになることです。

　本書では、前半に那須平成の森はどういった場所なのかその具体的な説明、ガイドウォークに使われるルートについて、各種自然体験プログラムの紹介、小話的なトピックをコラムとしてそれぞれ記しましたが、分かりやい文章で表現するように心がけました。後半は、四季を通して那須平成の森に出現する自然物について写真と解説文で紹介いたしました。解説は一般的な図鑑のようにはせず、筆者の目線を通して感じたことを中心にしてコンパクトに記しました。写真については那須平成の森のスタッフが中心として撮影したものであり、プロの写真家の手によるものではないことをご理解いただければ幸いです。

　さあ、それでは自然豊かな那須平成の森へと出かけてみましょう。

ふれあいの森

　ふれあいの森は、フィールドセンター（標高約1,000 m）から駒止の滝観瀑台（標高約1,200 m）までの範囲を指し、開園時間内であれば誰でも自由に歩くことができるエリアです。遊歩道は周回できようになっていますが、コースの半分弱は石ころがゴロゴロとした道なので、トレッキングシューズで歩かれることを推奨します。1周約3 km、約1時間30分でフィールドセンターに戻ってこられます。途中、休憩できる四阿が2カ所と展望デッキなどはありますが、トイレはないので事前にフィールドセンターなどで済ませておくと良いでしょう。水分補給用の飲み物も忘れないようにしましょう。

　植生はミズナラ（ブナ科）を中心とした落葉広葉樹林で、時々モミやアカマツといったマツ科の樹木が混じります。園内は「なるべくありのままの自然で」という考え方のもと、極力案内看板などの人工物を設置していません。散策にはフィールドセンターで地図を手に入れてから出発すると安心です（HPからもダウンロードできます）。また、那須平成の森はツキノワグマの

生息地域なので、クマ除けの鈴を持ち歩きましょう（フィールドセンターで借りることもできます）。さて、ふれあいの森には大きく、駒止の滝観瀑台往復コース、森の小径一周コース、園路（バリアフリー）の3コースがあります。その他、那須令和橋を通るコースもありますが、後述す

ふれあいの森散策路風景

るガイドウォークのルート「令和橋ルート」でご紹介しますので、ここでは先に述べた3コースと積雪期の利用についてご説明します。

駒止の滝観瀑台往復コース（全長3km 1.5時間）

　周回できるコースです。出発地点のフィールドセンターは標高が1,000m、折り返し地点の駒止の滝観瀑台は標高1,200mです。コース中には私たちが「石ころゴロゴロ道」「ぐねぐね道」と呼んでいる場所があります。石に足を取られて転ばないためには、登り道ではありますが往路に「石ころゴロゴロ道」を選んだ方が無難でしょう。所要時間の約半分ほどで駒止の滝観瀑台に到着します。息を整えるのも兼ねて、観瀑台（デッキ）から滝を望んでみて

駒止の滝。左から夏、秋、冬

9

ください。高低差20mほどの滝がコバルトブルーの滝つぼに落ちる様は疲れを忘れさせてくれる風景です。また目線の高さでブナの樹冠が見えるので、開花や実の成り具合を観察することもできます。背景の森林は、春は新緑、夏は濃い緑、秋は紅葉、冬は雪景色と、四季を通じて滝を彩ります。観瀑台の近くには駒止めの丘と呼ばれる場所もあり、天気が良ければ木の間越しに茶臼岳を遠望することもできます。

　では、折り返してフィールドセンターに戻りましょう。復路は往路と違い土の上を歩くコースで、ずっと下り坂になり快適に歩みを進めることができます。森を彩る植物の花、野鳥のさえずり、セミの声などを楽しみながらゆっくり散策してみて下さい。

森の小径一周コース（全長1km　40分）

源流に架けられた橋

　滞在の時間があまり取れない方、長い距離を歩くのは体力的に厳しいという方にお勧めのコースです。ただし、遊歩道の内、3分の1程度は石ころがゴロゴロした道なので、トレッキングシューズなどで歩くことをお薦めします。また短い距離とは言え、クマ鈴を忘れないようにご持参ください。クマ鈴はフィールドセンターでも借りることができます。

　那須平成の森は源流域の森です。コースの途中にはその源流の小さな沢にかかる橋を2カ所渡ります。水質は非常に良く年間を通して涸れることはありません。この水は最終的には太平洋に流れ込むことになります。なお、こ

マンサク

ショウジョウバカマ

タマガワホトトギス

の沢には清流を好む水生昆虫が多く生息しています。

　植物では早春真っ先に咲くマンサク（マンサク科）、オオカメノキ［ムシカリ］（スイカズラ科）、続いてカタクリ（ユリ科）、ショウジョウバカマ（シュロソウ科）、チゴユリ（イヌサフラン科）、コアジサイ（ユキノシタ科）、エゾアジサイ（ユキノシタ科）、タマガワホトトギス（ユリ科）などの花を初夏にかけて愛でながら歩くこともできます。

園路［バリアフリー］（全長300m　15分）

園路の風景

　路面は舗装されているので、車いすで散策することができる遊歩道です。勾配も緩やかで車いすを押す方への負担も少ないように設計されています。園路内はツツジが多く見られます。シロヤシオ、トウゴクミツバツツジ、ヤマツツジ、サラサドウダン、レンゲツツジ、バイカツツジなどのツツジ科の植物です。秋はカエデの仲間が紅葉し林内を美しく彩ります。園路はフィールドセンターに隣接しているので安心して利用できる遊歩道です。

シロヤシオ

トウゴクミツバツツジ

ヤマツツジ

サラサドウダン

レンゲツツジ

バイカツツジ

積雪期

スノーシューの風景

　那須平成の森は12月下旬から3月中は積雪期に当たります（年によって積雪時期はずれます）。その間の散策は、スノーシューを使わないと足を取られて歩くことができません。スノーシューは、フィールドセンターで借りることができますし（有料）、持参いただいても構いません。なお、園内はスピードの出る雪上アイテムは使用を禁止していますので、事前にお問合せいただくことをお願いします。積雪期はふれあいの森のみご利用いただけます。極寒の時期は気温がマイナス10度近くまで下がることがありますので防寒対策はお忘れなく。

　積雪期は、グリーンシーズンに活用されていた遊歩道は雪に隠れて見ることはできません。その代わり、スノーシューで歩けるコース上（樹木）に目印のカラーテープが付けられます。ご利用の際はそれを目印に歩くことができます。

積雪期の楽しみは何と言ってもアニマルトラッキングです。哺乳類や大型の野鳥などが歩いた足跡を容易に見つけることができます。キツネ、ウサギ、ニホンジカ、ヤマドリなどの足跡です。

　地図については、冬季バージョンがありますのでフィールドセンターで手に入れるか、HPからダウンロードしてください。

ウサギの足跡

キツネの足跡

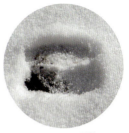
ニホンジカの足跡

column 1　皇室のお印

　「お印」とは何かご存じですか。じつは日本の皇室には、皇室の方々の身の回りの品々を他の方と区別する目印として、一人一人に幼少時から「お印」を用いるしきたりがあります。近代以前からの慣習とされ、特別な立場にある人の名前を書くことがはばかられたため、と言われています。お印に選ばれるのは、樹木や花の名前が多く、現在の天皇陛下は「アズサ」、皇后陛下雅子さまは「ハマナス」。天皇陛下が北海道で鮮やかな美しい色のハマナスに雅子さまの印象を重ねたと言われています。愛子さまは、「ゴヨウツヅジ」。ご両親が「純白の花のような純真な心を持って育って欲しい」という願いを込められたそうです。上皇さまは「栄（えい）」、草花が盛んに茂る様子を表すとのことです。上皇后美智子さまは「シラカバ」。上皇さまと出会った軽井沢にちなんだとのことです。「那須平成の森」には、アズサ（カバノキ科）やシラカバ（カバノキ科）、ゴヨウツツジ（ツツジ科）等がありますので、ご静養で来られたときには、森の中で、ご自分のお印を見つけられておられます。

アズサ（ミズメ）

シラカバ

ゴヨウツツジ（シロヤシオ）

学びの森

清森亭から茶臼岳を望む

　ここからは学びの森についてご説明しましょう。ふれあいの森はフィールドセンターから西側に広がる森でした。学びの森はフィールドセンターの東側、県道那須甲子線を渡って入口のゲートをくぐり入っていくことになります。

　学びの森は、フィールドセンター（標高約 1,000 m）の東方向、皇室が使われていた「清森亭」（p.59 コラム 16 参照）という四阿の辺り（標高約 800 m）までの範囲を指し、インタープリターが同行しないと入れないガイド専用エリアとなっています。

学びの森の成り立ち

　学びの森は余笹川と白戸川にはさまれた台地上にありますが、約 16,000 年前に噴火した那須岳の溶岩が流れ下った比較的斜面角度のある地形と、溶岩が流れなかった平らな地形とに分かれます。そこに「真角沢」やいくつかの

名もない沢がその大地を削り、複雑な地形を形作りました。人為的には現在の那須平成の森をはじめその周辺は「那須牧場」と呼ばれる場所でした。それは那須御用邸ができた1926年（大正15年）当時のことです。その後、御用邸ということもあり一般の人が入ることが少なくなり、牧場（単調な草

余笹川

原）環境から森林環境に遷移していきました。一方、余笹川や白戸川は深く険しい谷だったため牧場としては活用されず、昔からの巨木が多く残される環境となりました。

学びの森の植生

　植物は維管束植物で762種類が見つかっています。植生は落葉広葉樹林ですが、標高800m付近を前後に標高を上げるに従いコナラ林からミズナラ林（いずれもブナ科）に移行します。この2樹種を中心にさまざまな落葉広葉樹が自生します。標高800m付近はコナラとミズナラが混生しているので、両者の違いを観察するには絶好の場所となります。巨木が残る余笹川や白戸川の渓谷や河畔は

ヤドリギ

ハリギリの巨木

15

コナラ

ミズナラ

コナラやミズナラの他にもブナ（ブナ科）、ハリギリ（ウコギ科）、ケヤキ（ニレ科）などが聳え立ちます。また渓谷沿いの樹木にはヤドリギ（ヤドリギ科）の球形の樹形が目立ちます。このことからヤドリギの実を好んで食べる野鳥レンジャクの仲間たちの存在が垣間見て取れます。

ツキノワグマの爪痕

ツキノワグマの糞

　哺乳類は 20 種類ほど確認されています。人間に対し警戒心が強いのでその姿を直接見ることは少ないですが、学びの森を歩いていると哺乳類が残した痕跡をいくつも見つけることができます。那須平成の森を象徴する哺乳類ツキノワグマが樹木に残した「爪痕」と「糞」がその代表格でしょう。

　野鳥は 79 種が確認されています。頂点に立つ猛禽類ではフクロウが留鳥として 1 年を通して観察できます。キツツキの仲間も多く、コゲラ、アカゲラ、オオアカゲラ、アオゲラの 4 種のキツツキ科の鳥類が生息しています（p.17 コラム 2 参照）。彼らは繁殖用に樹木に穴を開けて巣を作りますが、ヒナが巣立った後は巣を放棄するので、空き家となった巣穴は様々な生物に活用されることになります。森の生き物たちの住宅事情に一役買っていることになる訳です。

その他にも爬虫類9種、両生類12種、菌類207種、昆虫2,906種が確認されています。ガイドウォークなどで四季を通じてさまざまな生物の存在に触れていただければと思います。

　なお、学びの森（ふれあいの森を含め）にはいくつかのガイドウォークのルートがあります。各ルートの詳細については、この後順次述べていきます。

コゲラ　　　　　アカゲラ　　　　　オオアカゲラ　　　　　アオゲラ

※学びの森の解説で述べた生物の種数は、那須平成の森全体で確認された数字です。

column 2　キーストーン種【Keystone Species 】

　　　　　その地域のなかで、個体数の多い少ないに関わらず、他の生物の生態系に及ぼす影響が多い種のことを指します。キーストーンとは、「要石」のことで、石造りの橋の構造上に重要な位置にある石のことで、この石が外れると橋全体が崩壊します。「キーストーン」や「要石」という言葉は、様々な分野でも使われる重要な役割を持つ「もの」や「こと」のことを指します。生物学上でも、この言葉を用いて生態系を説明することができるのです。「那須平成の森」の「キーストーン種」は、アカゲラ、アオゲラ、オオアカゲラなどのキツツキの仲間がこれに相当します。キツツキの仲間は、繁殖用の巣は1個しか作りません。また、繁殖用に使用した後は、キツツキの仲間自身はその巣を使うことはないのです。ですから毎年繁殖していれば、毎年1個の巣が作られます。空き家になった巣は、ニホンヤマネやニホンリス達にとっては格好のねぐらとなります。また、ムササビやコウモリ、ニホンミツバチ達も使います。このように、キツツキの仲間が作る樹洞は、この森にとって、他の生き物層が豊かに暮らしていける環境を整えてくれることになるのです。逆に、キツツキの仲間がこの森から去っていくと、これらの生き物たちも静かにこの森からなくなるでしょう。そういう意味で、キツツキの仲間は要石の役割を担っているのです。

キツツキの仲間が開けた樹洞を利用するシジュウカラ

17

ふれあいの森

レギュラーコース　約2.1km

令和橋ルート

2.5 hours

紅葉に染まる駒止の滝

ココを check! 白戸川にかかる「那須令和橋」を越え、駒止の滝観瀑台を経由してフィールドセンターに戻る。白戸川の渓谷美や駒止の滝が見どころ。アップダウンが少なく気軽に楽しめる。

　このルートは那須平成の森フィールドセンターを起点とするのではなく、起点まで自動車で移動して始まるルートで、終着地はフィールドセンターとなります。その時間を含めての2.5時間のガイドウォークとなります。

　令和橋ルートのガイドウォークは、まずフィールドセンターの中でルートの全体像、注意事項などを説明した後、自動車に乗り込みます。参加者の定員は8名が上限となります。起点となるバス停までは自動車で10分弱、標高を少しずつ上げながら進みます。

　自動車を降りる場所は路線バスの白戸川バス停です。そしてここが令和橋ルートの起点となります。

フィールドセンターでの説明

これから歩く道は元々遊歩道でしたが長らく通行止めになっていました。白戸川にかかる橋が老朽化のため渡れなくなっていたのです。それがようやく新しい橋が取り付けられ、2021年に令和橋ルートという新しいガイドコースができたのです。

新しくなった那須令和橋

　さて、出発するとさっそく谷沿いの下り道となります。那須令和橋に向かって気持ちよく歩みを進めます。進行方向右手、目線の下方に遠く白戸川が流れています。左手は山の斜面という地形です。春先に歩くと野鳥ミソサザイ（ミソサザイ科）の大きな囀りが谷中に響き渡ります。ウグイス（ウグイス科）もそれに呼応するかのように鳴きます。やがて夏鳥たちがやってくると、オオルリ（ヒタキ科）、センダイムシクイ（ムシクイ科）、サンショウクイ（サンショウクイ科）、ツツドリ（カッコウ科）

ツツドリ

オオカメノキ（ムシカリ）

などがしきりに囀ります。那須は木々の芽吹きが遅いので、葉の緑が濃くなる前の時期（6月上旬まで）が野鳥の観察に適しています。

　植物では春先の4月頃真っ先に咲き出すのはオオカメノキ［別名ムシカリ］（スイカズラ科）です。中心部に小さな白い花を咲かせ、その周りに白く目立つ装飾花を付けます。5月から6月にかけて色どりの少ない季節に花を添えるのは、トウゴクミツバツツジ、ヤマツツジ、サラサドウダン、レンゲツツジなどのツツジ科の樹木たちです。オオヤマザクラ（バラ科）の淡いピンク色の花も広大な森の中にパッチ状に点在するのが見えます。

那須令和橋

四季折々に訪ねたい駒止の滝

そうこうしている内に那須令和橋に到着します。道から少しそれて白戸川の流れに手を入れてみると、ひんやりとした清らかな水にほっとした気分になります。一息ついたところで歩き始め橋を渡るとすぐ上り坂になります。頑張って15分ほど歩くと、標高1200mの駒止の滝観瀑台に到着します。

駒止の滝は余笹川の上流部にある滝。滝つぼまで下りることができる道はなく、観瀑台からしか見ることができません。観瀑台ができるまでは滝の全貌を見ることができず幻の滝でもありました。名前の由来は「馬も立ち止まって見惚れるほど素晴らしい滝」という説があります。滝の高低差は約20m、新緑や紅葉の時期は滝を中心にして素晴らしい光景を見ることができます。ここが折り返し地点、しっかり休憩を取ります。

駒止の丘から那須平成の森へ

ルートの後半は、まず駒止の丘に登り木の間越しに茶臼岳を望んだ後、フィールドセンターまでなだらかな下り坂を進みます。途中までは石ころが

北湯道

column 3 北湯道（きたゆみち）

北湯とは現在の北温泉のことで、開湯は江戸時代の元禄の頃、1696年と言われています。北温泉は「那須平成の森」に隣接し余笹川沿いの標高1200m付近にある一軒宿です。

この北温泉に通じる道のことを「北湯道」と呼びます。現在は使われていない、いわゆる「古道」で、「那須平成の森」の中に痕跡として残されています。

数年前、古道である北湯道を辿ってみよう、という試みを行いました。「那須平成の森」の最も低い標高は600m台で、北湯道はその標高から続いているため1200mの北温泉まではかなりの傾斜を上ることになります。言い伝えによると、北温泉まで物資を運ぶため荷馬車も通っていたとのこと。確かに荷馬車が通れるほどの幅のある所もみつかりました。傾斜のある所では、つづら折りに何本もの道に分かれて道ができていました。現代で言う道とはかなり様子は違っていたようです。いずれにせよ、那須平成の森は、人馬も通う、人々の暮らしと直結した場所でもあったのです。

ゴロゴロした道を進みますが、すぐに分かれ道が現れますので右側の道を選びます。標高1000 m付近のフィールドセンターに向かうこの森は、ミズナラを中心にした広葉樹林に時々モミ、アカマツといったマツ科の針葉樹が混じります。

駒止の丘から臨む茶臼岳

　緩やかに下る心地よい道を進むと、ルートからやや離れて右側に並行するように窪んだ地形を垣間見ることができます。これはいわゆる古道です。駒止の滝観瀑台の先には北温泉という温泉があり、そこに通じる道が現在の白河市（福島県）から通じていたのです。しばらくはこの古道、北湯道（p.20 コラム3参照）を横目にして進みますがやがて別れ、フィールドセンターに向かいます。ほぼ傾斜がなくなった辺りまでくると四阿が1軒あり、ここで一息つきます。渓谷ではなく平らな森ではキビタキ（ヒタキ科）、クロツグミ（ツグミ科）といった夏鳥の囀りを多く聞くことができます。シジュウカラ（シジュカラ科）の仲間たちの姿もよく目にします。野鳥たちの囀りに癒されながら汗をぬぐったら、あともう一息で終着地点のフィールドセンターに到着です。

　2.5時間のこのルートは、白戸川や駒止の滝の渓谷美を堪能しつつ、天候に恵まれれば茶臼岳も遠望できます。厳しい登り道も少ないので、快適にトレッキングを楽しむことができますので、四季を通して歩かれることをお薦めします。

シジュウカラの仲間たち。左からシジュウカラ、ヒガラ、コガラ

レギュラーコース　約1.5km
フクロウルート

2 hours

フクロウルートの森

ココを check!　初めての方向け、クマの爪跡、フクロウが利用したミズナラの大きな樹洞

　フィールドセンターを起点にして右回りでも左回りでも可能な周回ルートです。このルートは高低差が少なく所要時間も手頃なので、初めてガイドウォークに参加される方にお勧めです。今回は右回りでご案内します。

　案内役のインタープリターが学びの森ゲートの鍵を開け一歩進むと、そこは人の気配がしない森の世界が広がっています。まず、自然の空気をおもいっきり吸い込んでみます。そして足の裏で足下の柔らかな土、ごつごつした根っこの感触も感じましょう。その後は、目線を遠くまで伸ばし回りを一周ぐるりと見渡してみます。ここは、野生の生き物たち

インタープリターによるガイドウオーク

が棲んでいる場所なので、何か動いているものはないか森の様子をうかがってみましょう。

　少しだけ移動したところで「那須平成の森」の森としての成り立ちをお話しします。「那須平成の森」は約 16,000 年前の那須岳の噴火によって流れ出た溶岩台地の上に形成されていること。その後長い年月によって、当地の気候や地形など様々な条件に適した植生によって森林が形作られ、動植物も含めた生態系が整ったこと。やがて人間による森林の利用が始まり、那須駒 (p.49 コラム 12 参照) を生産する牧場として森林が伐採され、伐採木は薪や炭として人々の暮らしを支えたこと。北温泉へと通じる道があったこと。そして、1926 年 (大正 15 年) に那須御用邸用地となったこと。このことが契機となって、現在の「那須平成の森」一帯は一般の人々が入れなくなると同時に、馬や薪、炭などの需要が少なくなっていったこと。その結果、90 年ほどかけて、牧場だった単調な自然環境が元々存在していた森林環境に戻りつつあること。その森林回復のプロセスを私たちは目の当たりにしている訳で、いわば、御用邸用地になったことが自然を守ることにつながっているのです。

ミズナラの森

　ガイドウォーク前のお話はこれくらいにして、森を歩く準備ができたらさっそく前進していきましょう。歩きながら周りの樹木の肌や林床のササを触ってみます。視界に入ってくる高木は、ミズナラ (ブナ科) で「那須平成の森」では標高 700 ～ 800 m 以上の森林に生えるドングリがなる木です。ササはミヤコザサ (イネ科) という太平洋側の植生に生えるササです。触ってみると表面はつるつるしていますが、裏面はたくさんの小さな毛が生えているので触感が異なります。ヤマツツジやカエデの仲間の大きな木など、種名が分からずとも、いろいろな形の葉や、ざらざら、つるつるの木肌など、様々な種類の樹木の違いが見えてくるでしょう。春の晴天の日であれば、地面

ハルリンドウ

上に、小さな星のような形をしたハルリンドウやフデリンドウ（いずれもリンドウ科）の花が青く輝いています。

　モミ（マツ科）とダケカンバ（カバノキ科）の木が見えてきました。ダケカンバはパイオニアツリーと呼ばれる樹木の一種です。草原だった環境にいち早く入り込み樹林を作ります。やがて多種多様な樹木が侵入してくるとその役目を終え衰退していきます。一方、モミは針葉樹で成長が遅く大木になるためにはかなりの時間を要します。しかし、最終的には森の主となって君臨します。ダケカンバとは真逆の生き方ですね。この2本の樹木が隣り合って並んでいるのは何とも象徴的というしかありません。

ヤマブドウとニホンヤマネ

タゴガエル

　しばらく森を進むと小さな丸太で組まれた橋を渡ります。春の暖かい日、橋の下の沢から「ググッ、ググッ」という声が聞こえたら、その主は両生類のタゴガエル（アカガエル科）です。繁殖時期にオスがメスを呼ぶために鳴いてる声なのです。橋を渡ったところで、左側に小さな湿った場所があります。ここには、7月頃短い期間ですが、トンボソウ（ラン科）が花を咲かせます。小さな薄緑色の地味なランですので、気づかずに通り過ぎてしまうかもしれません。

　さらに進むとヤマブドウ（ブドウ科）のツルがはがれている広場に出ます。ヤマブドウは秋に青紫色の果実が実りますが、熟すととても甘くなります。このような柔らかくて甘い果実は、哺乳類のニホンヤマネ（ヤマネ科）が大好きです。ニホンヤマネは樹上性で天然記念物に指定されている生き物で、平均気温が9度以下になると冬眠します。那須の気候だと5月中旬から10月いっぱいまでが活動期で、それ以外は落ち葉の下や枯れ木

ニホンヤマネ　　　　　ヤマブドウ

の穴の中で毬のように丸くなって冬眠します。またヤマブドウのはがれやすい樹皮は、ニホンヤマネが犬歯でさらに細かく裂いて巣材にします。「那須平成の森」ではニホンヤマネが確認されていますが、ヤマブドウのような食べ物や巣材があるかどうかは、ニホンヤマネにとっては死活問題です。普段何気なく見過ごしてしまうような植物でも、それを利用する生き物にとってはとても密接で重要な存在になる訳です。5〜6月頃には、地面の上あちこちに白い小さな植物が現われます。これはギンリョウソウ（ツツジ科）という植物で腐生植物（p.25 コラム 4 参照）の一種です。葉緑素を持たず、ベニタケ科やチチタケ科などの菌類から栄養分をもらって生きています。

ブナの森

　大きなブナ（ブナ科）が生えている場所に来ました。ブナの木肌に触ってみましょう。ブナは水源涵養林の樹木として有名で、とてもたくさんの水を地面の下に保ちます。雨が降っている時、少しでも多くの水を根本に落とすための知恵、「樹幹流」という水路を備えているのです。晴天の日でも「樹幹流」の跡が黒い色をしているので見ることができます。でも実際に雨の日に、こんこんと伝い落ちる「樹幹流」を是非見てほしいと思います。また、ブナのドングリはツキノワグマの大好物です。ブナの葉やドングリを探して

column 4　菌従属栄養植物（腐生植物）

　「菌従属栄養植物」は、生きるために必要な栄養分を、光合成ではなく共生する菌に依存する植物のことを言います。「菌従属栄養植物」の代表であるギンリョウソウは、ベニタケ科の菌から栄養をもらっています。また、個体数は多くはありませんが、「学びの森」に 7 月頃に出現するオニノヤガラ（ラン科）やツチアケビ（ラン科）も同じ「菌従属栄養植物」です。この 2 種は共にナラタケ菌と共生しています。「菌従属栄養植物」の生態やしくみについては、まだわからないことが多く研究途上の植物ですが、「那須平成の森」に「菌従属栄養植物」が多いということは、御用邸として長い間人が入っていなかったために、人の踏圧などで土壌が破壊されず、土壌を構成する菌類や微生物が多様で豊かであることを意味しています。これからもこの豊かな森を守っていかなくてはなりません。

ギンリョウソウ

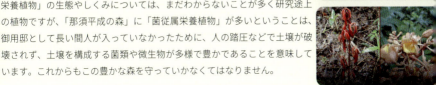

ツチアケビ　実（左）と花（右）

みるのも良いでしょう。この大きなブ
ナの近くには人の背丈ほどのブナが生
えていて、不思議なことにそのブナの
葉には、毎年6～7月頃、ブナハアカ
ゲタマフシというタマバエが作った「虫
こぶ（ゴール）」を見ることができます。

ブナハアカゲタマフシ

この虫こぶの中にはタマバエの幼虫が入っています。自然界にあるのだろう
かと思うほど派手な赤い色をしていて敵に見つけられやすいのではないかと
心配する反面、私たち人間から見ると、なんともかわいらしく初夏の風物詩
的な存在でもあります。

秘密の花園

コバイケイソウ

ヤマトリカブト

　やがて、私たちが「秘密の花園」と呼んでいる湿地
エリアに到着します。ここは、茶臼岳に降った雨が何
年もかけて地下浸透し、伏流水となって流れ出る水源
地です。この水が他のいくつかの沢と合流し白戸川、
余笹川となり、やがて那珂川に入り栃木県から茨城県
を流れて、太平洋までの長い旅となります。その旅の
出発点がこの場所なのです。是非、皆さんは自分が水
の分子となって長い旅をたどる道のりを想像してみて
ください。湿地には、コバイケイソウ（シュロソウ科）、
ヤマトリカブト（キンポウゲ科）などの湿地を好む植
物が群生しています。この二つの植物には有毒成分が
含まれていますので、誤食しないように、姿や形、色
を覚えておきましょう。
　ルートに戻ると、そこはカタクリ（ユリ科）の群生
地があります。雪が融ける4月半ばから5月始めにか
けて、この辺り一帯にピンク色の花を咲かせます。カ
タクリは「スプリング・エフェメラル」（p.28 コラム

5参照）と言って、他の樹木が葉を広げる前の一瞬にたくさんの太陽の光を浴び、花を咲かせ、種子を作り、その後は早々に地面から姿形を消してしまうという植物です。そして、その種子は誰が運ぶのでしょうか。実はアリの仲間が運び去ってしまうのです。見えないところで、生き物たちはつながって生きているのですね。

カタクリ

さてカタクリの花が終わり、新緑が目立ちはじめると、トウゴクミツバツツジ、ヤマツツジ、シロヤシオなどのツツジ科の花々が新緑に映え始めます。また、この辺りは秋にな

クチベニタケ

ると、クチベニタケ（クチベニタケ科）、タマゴタケ（テングタケ科）などのたくさんのキノコが出現します。この先は沢を渡ります。渡り終えた辺りに、少し大きくて濃い目の緑色をしたササが目に飛び込んできます。これは「チシマザサ（イネ科）」というササで、日本海側の雪の多い地域の林床に生えます。那須地方は、太平洋側と日本海側のちょうど境目、背骨にあたる部分にあり、このように両方の気候に合った植物を見ることができるユニークな場所ともいえるでしょう。

ツキノワグマの爪跡

「カモシカルート」との分岐を過ぎてしばらく歩くと、インタープリターは10 m以上ある高木の前で説明をすることがあります。この樹木の下の方にはツキノワグマ（クマ科）が付けた爪の跡をはっきりと見ることができます。一頭のツキノワグマの必要な生活圏は、東京のJR

ツキノワグマの爪痕

ツキノワグマ

山手線の内側と同じ広さ、約63km²と言われています。広大な面積が必要なのは、彼らの食生活を知れば分かることで、冬ごもりから覚めた春先は食べるものが少なく、ブナの花や新芽、タケノコなどを食べます。初夏になると昆虫のアリの仲間、チシマザサ（イネ科）、セリ科の草本類、秋はミズナラ、コナラ、ブナのドングリ、ミズキ（ミズキ科）、アオハダ（モチノキ科）などの果実を食べ、根雪になる12月下旬には冬ごもりに入ります。冬ごもり中は何も食べません。ツキノワグマがこの地で何代にもわたって世代交代するためには、このような食糧が広大な面積に潤沢にあることが必要なのです。さらに、まとまった面積の豊かな森（落葉広葉樹林）やねぐらになる樹木の洞なども必要です。このような意味から、ツキノワグマは保全生物学では「アンブレラ種」（p.31 コラム6参照）とされています。近年ツキ

column5 スプリング・エフェメラル 【Spring ephemeral】

「スプリング・エフェメラル」（春のはかない命という意味）とは植物用語で、「春植物」とも言います。早春からごく短い期間に生育する林床性多年草の総称です。木本がまだ展葉する前に、芽を出し花を咲かせ、種子を結実させて一生を終えます。「那須平成の森」では、カタクリ（ユリ科）が典型的な「スプリング・エフェメラル」ですが、他にもアズマイチゲ（キンポウゲ科）やニリンソウ（キンポウゲ科）なども「スプリング・エフェメラル」です。3月の中旬以降にカタクリ（ユリ科）が芽を出すと、春の陽差しを一身に受けてピンク色の花を咲かせます。ちょうどその頃に生まれた、あるいは冬眠から覚めたタテハチョウやハナアブの仲間、ルリシジミ等が蜜を吸いにやってきます。花を咲かせた後はすぐに結実します。1カ月後にはもうすでにその姿は地上から消えていて、ようやくその頃にはカエデ（ムクロジ科）やダケカンバ（カバノキ科）等の木本が展葉し始めるのです。

アズマイチゲ

ニリンソウ

カタクリ

ノワグマの生態と生息する森との関係が少しずつ分かってきました。私たち人間も森を一人で歩いている時に、ツキノワグマに会わないようにクマ鈴を鳴らしたり、大きな声で歌を歌ったりして、相手に人間の存在を知らせて危険を回避することが肝心です。

　この辺りでフクロウルートの半分が過ぎました。これからは後半戦です。もう一度深呼吸をして森の匂いを嗅いでみましょう。嗅覚は鋭くなったでしょうか。やや大き目の沢を渡った後は、少しずつ緩やかな斜面を登りながら歩きます。5月から6月にかけて、沢の近くの高木のてっぺんからオオルリ（ヒタキ科）という野鳥の美しい囀りが聞こえてくるかもしれません。フクロウルートでは、夏鳥はオオルリの他にサンショウクイ（サンショウクイ科）やキビタキ（ヒタキ科）など多くの種類の野鳥が繁殖しています。

オオルリ

サンショウクイ

キビタキ

ドングリの実生

　白戸川方面に向かうルートとの分岐点近くに来ると、ルート上にミズナラのドングリが固まって落ちている場所があります。ルートの右側は斜面になっていて、ころがってきたドングリが平らな場所に溜まるのでしょう。ドングリはラグビーボールのような楕円体をしているので、斜面をころがり移動します。いわゆる重力散布です。ドングリはその他にもリスによって運ばれたり、カケスといった野鳥にも運ばれ遠くに拡散され

ミズナラの実生

ます。動物散布でもあるのです。足元をよく見てみましょう。ミズナラや他の植物の「実生」があちらこちらに出ています。実生というのは木の赤ちゃんのことです。種子から根や芽を出しているのです。さて、ドングリという種子からはどのように根と芽が出るので

ミズナラのドングリ（円内はカケス）

しょうか？　あれやこれやと考えてみてください。インタープリターがきっと最後に教えてくれることでしょう。ところでこの実生。そのほとんどは自然淘汰され死んでしまいます。大きく成長できるのはほんの極わずかなのです。自然界の厳しさをこの実生からも学ぶことができます。

フクロウが利用したミズナラの樹洞

　やがて左側に大きなミズナラ（ブナ科）が枝が折れた状態で見えてきます。近づくと人の胸元あたりの高さに大きな穴（洞）が空いています。ゆっくりと中を覗いてみましょう。中は暗くて何も見えないかもしれませんが、この洞はかつてフクロウ（フクロウ科）が営巣していた穴です。また、7月の下旬頃には、オオチャイロハナムグリ（コガネムシ科）という昆虫が、この洞の底に溜まった落葉の堆積物から出てきます。オスは、媚薬（ムスク）の香りを出してメスを引き付ける行動をするので、オスが洞の周りに出ている時には、この辺り一帯がこの香りで満たされます。季節によっては、洞の中にスズメバチの仲間が巣を作っている場合もあるので、洞を覗く時には注意しましょう。緩やかな斜面を登りきると、最初に歩き始めた地点に合流します。

フクロウが営巣していた樹洞

2時間をかけて、1.5kmを一周しました。2時間前に森に入った時と、歩き終えようとしている今では、何か印象が変わるかもしれません。ガイドウォークに参加される人にとって「那須平成の森」は非日常の場所と言えます。しかし、人間がいない、野生の生き物しかいない森を歩くことによって、私たち人間の生活圏との違いを強く感じる

オオチャイロハナムグリ

ことができるでしょう。また、本物の自然の営みを見たり、触ったり、聞いたり、嗅いだりすることで、自分自身の感性が刺激され、いろいろなことを思ったり、考えたりすることもできます。人間は、自然環境がないと生きていくことはできません。この2時間の体験を通して、自分自身のライフスタイルや自然界を対比し、様々な動植物の生態について理解を深めていただければ、「那須平成の森」の大切さが実感できるのではないでしょうか。

column 6 アンブレラ種 【Umbrella Species】

個体群維持のために、必要な食糧等の一定の条件が満たされる広大な生息地（または面積）を必要とする種のことです。その地域の生態ピラミッドの頂点にいる消費者であり、日本ではツキノワグマやヒグマ、オオタカ、イヌワシなど大型の肉食哺乳類や猛禽類がアンブレラ種となります。ちょうど、傘を広げた時に傘の柄の真下にその種をおいたとき、その種を中心として広げた傘の円周分ほどの面積が必要となることから、その種を保全するためにはその傘下の面積にいる生物種や自然環境を保護しなければならないことになります。逆に言うとアンブレラ種を保護することによって、傘下にある他の種の生物も保全することができるため、生物多様性が保たれることを意味します。「那須平成の森」のアンブレラ種は、ツキノワグマ（クマ科）です。ツキノワグマを保護するためには、山手線一周の面積、約63km²ほどの面積の生物や自然環境を守らないと保護することができません。

日本で見られる主なアンブレラ種。左からツキノワグマ、オオタカ、イヌワシ

31

ステップアップコース　約2.1km
ノウサギルート

2.5 hours

アニマルパスウェイ

ココを check! のんびり、ゆったりと歩きたい方向け、高低差が少なく気軽に歩ける、県道290号を2度渡り「学びの森」と「ふれあいの森」を歩く、アニマルパスウェイ、他のルートと一部重複する

　ノウサギルートはフィールドセンターを出発し帰着するコースです。高低差が少なく安心して歩けるコースなので、フクロウルートを経験された方に次に挑戦していただきたいルートです。

　自己紹介、ルート案内、注意事項の説明、準備運動などを済ませて出発します。県道290号を渡りゲートを越えて「学びの森」に入ります。ここからしばらくの間はフクロウルートと同じ道を歩きますので、詳細はフクロウルートの頁をお読みください。フクロウルートとノウサギルートの分岐点までは概要を解説します。

源流となる湿原

まず一番目の分岐点まで進んだら、左方向に曲がります。モミ（マツ科）とダケカンバ（カバノキ科）が隣り合っている脇を通り丸太橋を渡って進むと、右手に湿原が見えてきます。グリーンシーズンであればコバイケイソウ（ユリ科）やヤマトリカブト（キンポウゲ科）が群生しているのを見

ヤマブドウ

ることができます。また、那須平成の森にある湿原はそのほとんどが源流となっていて清水が湧き出ている場所でもあります。さらに進むと、ヤマブドウ（ブドウ科）の曲がりくねった幹、ブナ（ブナ科）がルート上の真ん中に現れます。この先が、フクロウルートとノウサギルートの分岐点となります。

ノウサギルート上で見られる動植物

ツルアジサイ

フクロウルートはここで右折しますが、ノウサギルートはこの分岐点を道なりに真っすぐ進みます。上り下りのない道を快適に歩いているとやがて小さな沢が見えてきます。この沢の上流、源流に当たる湿原がフィールドセンター近くにあるので間近に見ることができます。さて、沢を渡ると緩やかな下り斜面を進むようにルートがとられています。雨天時は足を滑らせないように慎重に歩きます。

ノウサギルートでは、花では、ほんのりと良い香りがするコアジサイ（ユ

アサギマダラ

エゾハルゼミ

エゾゼミ

キノシタ科)、つる性の植物イワガラミ（ユキ
ノシタ科）やツルアジサイ（ユキノシタ科）
などを見ることができます。昆虫では、「渡り」
をすることで有名なアサギマダラ（タテハチョ
ウ科）がふわふわと飛翔する姿が春から秋に
かけて見られます。セミでは春はエゾハルゼ
ミ（セミ科）の大合唱、夏はエゾゼミ（セミ科）

ヤブサメ

の鳴き声が森中で聞こえます。野鳥では、春から夏にかけてはミソサザイ（ミ
ソサザイ科）、オオルリ（ヒタキ科）、キビタキ（ヒタキ科）、クロツグミ（ツ
グミ科）、センダイムシクイ（ウグイス科）、ヤブサメ（ウグイス科）、サンショ
ウクイ（サンショウクイ科）などの囀りを楽しみながら歩くことができます。
クロジ（ホオジロ科）（p.34 コラム7 参照）も繁殖しています。クロジはそ
の名の通り黒っぽく（黒灰色）見えます。とても地味なのでなかなか姿を見
ることができませんが、繁殖用に作った巣の材料はとても変わっています。
それは、リゾモルファーと呼ばれる根状菌糸束（キノコの本体である菌糸が

column 7　クロジ

　　　　　　　クロジ（ホオジロ科）は、北海道や本州の中部以北で繁殖しますが、局
地的で姿はなかなか見ることができないと言われています。秋冬は、本州中部以南の低山の暗い
森で越冬します。全長 17 ㎝、全身が灰黒色。地面から約 60 ㎝位の高さの灌木の中にお椀のよう
な巣をつくります。灰白色の卵を5個うみ、雌雄で約 12 日間抱卵します。孵化後、約 11 日で巣
立ちます。餌は、昆虫やその幼虫が主ですが、雑草類の種子も食べます。「那須平成の森」では、
繁殖後の巣を見つけたことがあり、誰の巣なのかを調べていくうちにクロジ（ホオジロ科）だと
わかりました。それは独特な素材を使用することでした。外形 14×13 ㎝、厚さ6㎝。内径（参
座）約8×6㎝。深さ約4㎝。素材は、笹や樹皮の皮を細い枝などで編み込みながらお椀型の素
をつくり、大量の「リゾモルファー」を綿密に敷き詰めるのです。「リゾモルファー」とは、「根
性菌糸束（キノコの本体である菌糸が集
まって、目に見える糸のように太くなっ
たもの）」のことです。なぜ、菌糸を大量
に使うのでしょうか？　想像ですが、菌
糸の束によって強度が上がることと菌に
よる清潔さでしょうか。生き物の知恵は、
人間にはわからないことだらけです。

クロジ（左：♂　右：♀）

集まって、目に見える糸のように太くなったもの）を大量にしかも綿密に敷き詰めて作っているのです。那須平成の森のスタッフが、黒っぽい鳥が初夏にいつも同じ所にいることに気が付き、繁殖期が終わった頃合いを見て、その場所を確かめに行ったところクロジの巣を見つけたのです。

大きなブナの木

ブナ

　先に進みましょう。ルートから少し外れて左手に進みますと、目の前に少し深い谷を望むことができる場所に着きます。この沢は真角沢と言い、先ほど渡った沢同様に、沢の上流、源流に当たる湿原がフィールドセンター近くにあります。さて、この谷を望める場所に大きなブナ（ブナ科）が１本立っています。よく見るとその樹皮に大型哺乳類の爪痕をはっきり確認することができます。５個のはっきりした爪痕が残っています。ツキノワグマ（クマ科）の爪痕です。ブナの実を食べるために木に登ったのでしょう。

　ルートに戻り歩みを進めますと、やがて先ほど上部から望んだ真角沢を渡ります。この後急な上り坂が始まります。このルート唯一のきつい登りです。滑らないように慎重に歩くと、再び平坦な道に戻ります。やがて、ムササビルート、カモシカルートとの分岐点に到着します。分岐点を左折し、しばらく歩くとゲートが見えてきます。

アニマルパスウェイ

アニマルパスウェイ

　ここまで来るともうすぐ「学びの森」とお別れです。インタープリターがゲートの鍵を開けて学びの森から退出します。県道290号線を渡ると今度は「ふれあいの森」に入ります。県道を渡る時、インタープリターが「上を見て下さい」

ニホンリス

ニホンヤマネ

ヒメネズミ

と声をかけます。言われないと分からない、ステンレス製で三角形をした橋のようなものが「学びの森」と「ふれあいの森」をつないでいます。これが「アニマルパスウェイ」（p.37 コラム 8 参照）です。アニマルパスウェイとは造語で、アニマルブリッジと言った方が分かりやすいかもしれません。「那須平成の森」が開園した 2011 年 10 月に環境省によって設置されたもので、樹上性野生動物の生態系を守るための「通り道」です。ニホンヤマネ（ヤマネ科）やニホンリス（リス科）などの樹上性野生動物は、道路などによって森が分断されると、道路を渡ることによって起こるロードキルや森林が孤立することによって地域絶滅の危険性が高まります。そのことを抑止するために、「一般社団法人アニマルパスウェイと野生生物の会（略称：ApWA）」が企業や NGO と協働して開発した橋です。設置後は、ApWA がモニタリング調査を行っていて、ニホンリス（リス科）、ニホンヤマネ（ヤマネ科）、ヒメネズミ（ネズミ科）などが利用していることが分かっています。

ガイドウォークを終えて

ガイドウォークをふりかえる参加者

　「ふれあいの森」に入ると、しばらく余笹川の崖上の巨木を見ながら登っていきます。ちなみにこのルートは、「ムササビルート」、「カモシカルート」と重複します。
やがてガイド専用エリアが終わり、一般の方々が自由に歩ける遊歩道に合流します。ノウサギルートも間もなく終わるころで、参加者は程よい疲労を感じているでしょう。

インタープリターは、フィールドセンター付近に戻ってきた頃に、2時間30分のノウサギルートについてふりかえります。参加者一人一人の感想を、全員で共有します。季節毎によって見えるものは異なりますので、一人一人の感想は「今、ここで」しか共有できないものです。

　今日見つけたもの、今日学んだことを静かにふりかえり、明日からの日常生活への新たな気づきになれば嬉しいですし、これからも「那須平成の森」の豊かな自然が守られていくにはどうしたら良いのか考えていただければ、自然から何かを学んだことになるでしょう。ガイドウォークは、参加者がこの体験を通して、自然を守るということはどういうことなのかを自らの体験を通して気づいてもらう、貴重な機会なのです。

　このふりかえりの時間が終われば、間もなくフィールドセンターへ到着、2時間30分のノウサギルートは終了となります。

column 8　アニマルパスウェイ

　アニマルパスウェイとは造語で、英語で言うアニマルブリッジのことです。動物のための橋というわけです。ニホンリスやニホンヤマネ、ヒメネズミ等、樹上性哺乳動物は、道路の上を歩いて渡ることはあまり得意ではありません。樹木の枝と枝どうしの間を走ったり、飛び越えたりして渡って移動することの方が好きなのです。「那須平成の森」が開園するにあたって、生きものの調査をしたところ、ニホンヤマネの巣や樹皮剥ぎ、ニホンリスの食痕等が発見され、「那須平成の森」には、これらの樹上性哺乳動物の生息の可能性が高いことがわかりました。そこで、環境省は「ふれあいの森」と「学びの森」を分断する県道290号線をまたぐように、2011年10月21日に、全長14m、橋床の幅25cm、地上高5,6mのアニマルパスウェイを建設しました。その後のモニタリング調査は、（一社）アニマルパスウェイと野生生物の会が実施しています。その結果、ヒメネズミの利用期間は、8〜11月までの間に145回（2017年調査）、ニホンヤマネの利用期間は、5月から11月までの間に145回（2017年調査）ということがわかりました。他にもモモンガやフクロウ、ザトウムシなどの利用もわかりました。森林山岳地域に道路などの人工物を作るとそこに住む生き物達の暮らしに影響を与えます。人間が行なう開発行為と生き物の共存の在り方を、アニマルパスウェイを通して考えてみましょう。

アニマルパスウェイを利用している左からモモンガ、フクロウ、ザトウムシの仲間

学びの森

ステップアップコース　全長約3km
カモシカルート

秋のトレッキング風景

ココを check!　健脚向け、1000m〜880mを回遊する「学びの森」の中心部を歩くルート、「花園沢」と「真角沢」を渡渉する、県道290号を渡り「ふれあいの森」を歩いてフィールドセンターに戻る、アニマルパスウェイ

　カモシカルートは、「那須平成の森」に7つあるガイドウォークルートの中で、標高差の最も激しい健脚者向けのルートです。「フクロウルート（右回り）」と「ノウサギルート」、「ムササビルート」の一部を重複して歩きます。ここでは重複する部分の解説は少なくしてご案内をしていきます。

　カモシカルートはフクロウルートでご説明した「秘密の花園」の先の分岐までは一緒で、この分岐を左に折れるといよいよオリジナル部分が始まります。ここからはしばらく下り坂になるので、周りを見る余裕はあまりなく常に足元に注意していないと転倒する危険があります。とは言え、左に並行して「花園沢」が流れている

ホオノキ

ので、その心地良いせせらぎの音を聞きながらゆっくりと進みます。春は標高 900 m 辺りまでカタクリ（ユリ科）があちこちに咲いているので、踏まないように注意することも一苦労です。標高が下るにつれ、ナツツバキ（ツバキ科）、ホオノキ（モクレン科）、アワブキ（アワブキ科）などの落葉広葉樹が現れ、ハリギリ（ウコギ科）の巨木もあちらこちら

ハリギリの樹皮　　　　ナツツバキの樹皮

に出現してきます。ハリギリは大木になると樹皮がコルク状になり柔らかい触感を味わえます。樹皮は太陽の熱を吸収するので冬に触ると暖かみを感じ貴重な存在となります。一方、ナツツバキは樹皮が薄く、皮を剥ぐとすぐ冷たい樹液が流れ出てきます。そのことからか、夏樹皮に触ると冷たく、暑い夏には有難い存在となります。人間は身勝手なものですね。

花園沢から真角沢を渡渉

　標高 900 m 付近の花園沢の崖では、ブナ（ブナ科）の大木が屹立しています。この木にはおびただしいほどのツキノワグマの爪跡があるので、ガイド参加者に爪跡を見てもらい、ブナ（ブナ科）の葉や堅果を拾いながら今年の実なりを想像します。時には、フレッシュなツキノワグマの糞があることもあるので、長居は禁物です。この先がもっとも急な坂で、注意を促しながら慎重にゆっくりと降りていきます。初夏であれば、クロツグミ（ツグミ科）、キビタキ（ヒタキ科）、オオルリ（ヒタキ科）たちのにぎやかな囀りを背景に歩きます。

　やがて、「花園沢」を渡ります。その後、倒木を超え急な登りを過ぎると、真角沢の水音が聞こえてきます。ここは台風や荒天が続くとルートが荒れる場所で、スタッフが整備した階段は度々崩れます。ガイド参加者には細心の注意を払って進むように声かけをします。「那須平成の

水生昆虫（ヘビトンボの幼虫）

森」の中で最も広い真角沢を渡渉します。足首まで水につかりますが、せっかくなので沢に直接手を触れて水温を確かめたり、水生生物（p.40コラム9参照）を探してみます。この沢はやがて白戸川、余笹川に合流し、那珂川の大きな流れへと進んでいくのです。下りとはいえ、夏は、少し蒸し暑さを感じるかもしれません。ここは、カモシカルートの最低部にあたります。

ルート中間点の平らな場所で一休み

　真角沢を超えて、少し登ったところで平らな場所に到着します。これまでとは明らかに地形が変わったことに気がつきます。この平らな地形は、この後標高を下げていく間は「那須平成の森」の最下部まで続きます。今いる場所はルートのほぼ中間地点となるので、ここで長めの休憩をとります。水分補給などをして、カモシカルートの約半分を過ぎたことを振り返ります。持参したシートの上に座って休んでいると、今まで沢の音が賑やかだったのが一変して静寂に包まれた森の中にいることに不思議さを感じます。野鳥たち

column 9　　水生生物

　「那須平成の森」は那珂川の上流域にあたります。敷地内にはたくさん沢があり、最終的には全ての沢が那珂川に入っていきます。源流の沢は清流で、これまでの調査でたくさんの水生生物やヤマメやサワガニなどの魚やカニを確認しています。水生生物は大きく分類すると以下のようになります。「カワゲラ」、「カゲロウ」、「トビケラ」の三つのグループは、川釣りをする人たちが「かわむし」と呼んでいるものです。イワナやヤマメなどの清流に棲む魚は、カワゲラやカゲロウの幼虫を餌とするために、釣り人は「かわむし」と総称して呼んでいるのです。「かわむし」以外の水生生物には「ヘビトンボ」、「サワガニ」などがいます。「那須平成の森」の沢には、これら全ての水生生物が生息しています。また、水の貧腐水性（汚れが少ない事）を証明する指標として「ザブロビ値」という水生生物ごとに評価値があるのですが、上位である10点を持つ「トワダカワゲラ」他「サワガニ（9点）」「ヒメクロサナエ（9点）」「ヘビトンボ（8点）」など高得点の水生生物が確認されています。また、「那須平成の森」の標高800m付近の沢（白戸川）では、「ヤマメ」も目視されています。水生生物は環境にとても敏感です。水源地としての自然度の高い環境を守るために定期的に、水質調査や水生生物調査を行っています。

ヤマメ

サワガニ

の囀りが殊更大きく聞こえてきます。辺りを見渡すと、ミズナラ（ブナ科）、メグスリノキ（ムクロジ科）、ミズメ（カバノキ科）などの高木が見えます。

ヤマボウシ

　休憩を終え、この先はしばらく平坦な森の中を呼吸を整えて歩きます。やがて、大きな洞がある枯れ木が見えてきます。かつてはムササビ（ムササビ科）が利用したこともある洞です。この枯木の奥、ルートからは外れますが、小さな沢の上にヤマボウシの巨木が立っています。老木が故でしょうか、コブだらけのゴツゴツした様は一見 "おどろおどろ" していますが、初夏になると見事に花を咲かせ、健在ぶりを私たちに示してくれます。

那須岳噴火の痕跡？

　この先、ルートはフィールドセンターに戻る方向（標高を上げる）に向かいます。全体的に上り坂を進むことになります。真角沢を登り切ってしばらくの間平らであった場所が徐々に上り坂になるのには理由があります。那須岳が今から約 16,000 年前に噴火したことは前述の通りです。その際、溶岩流が噴火口から流れ下りました。その溶岩の流れが止まった場所こそが私たちが今立っている場所なのです。大地の動きを実感させてくれる場所でもあるのです。

　斜面をトラバースするように上り始めると、すぐ番屋跡に着きます。「番屋」とは、かつてここで放牧していた那須駒が逃げないように人が見守りをしていた場所で、番屋跡はその建物の跡になります。いかにも不自然に平らで四角く区画された場所なので、自然にできた場所ではないことが分かります。「学びの森」には何カ所かの番屋跡がありますが、昭和 40 年代まで那須駒を育てていた歴史を想像することができます。

活火山・那須岳

　番屋跡を過ぎると登りが続きますので、だんだんと足腰に負担を感じるようになります。疲労を感じても、小さな花や季節ごとに現れるキノコを見つけたり、秋であれば、サルナシ（マタタビ科）の緑色の小さな果実を探したり、サルナシのツルでターザンのようにぶら下がってみたりと、森歩きの醍醐味を味わうことができます。ここからしばらくはミズメ（カバノキ科）（p.42 コラム10参照）の高木が続くので、スタッフの間では「ミズメロード」と呼んでいます。疲れてきたら、休憩がてらにミズメの枝先から独特のサロメチールの臭いを嗅いでも良いでしょう。秋、この辺りは、紅葉に染まった森を歩く楽しみがあります。深呼吸すれば、季節ごとの森の香りを存分に

サルナシの実

タマゴタケ

column10 ミズメ

　ミズメ（カバノキ科）日本固有種。「那須平成の森」にはたくさんある樹木の一つです。ミズメの別名にはアズサ、アズサカンバ、ヨグソミネバリ等の名前があります。枝を折ると、サロメチールの匂いが立ちます。木肌が銀色に光るので、一度覚えるとすぐ見分けがつくでしょう。この樹木は、緻密で固く、狂いが少ないので、いろいろな物に加工されてきました。靴の木型や家具材などに利用されてきましたが、一番の特色は漆器の木地です。漆が塗られてしまうとミズメの木目は見えませんが、ミズメは漆器の、特に棗の木地として重要です。今では、茶道以外で棗を身近に使うという習慣はめずらしくなりましたが、日本古来の生活の道具や伝統文化を支える材料としては貴重です。ちなみにこの樹は、天皇陛下の「お印」で、選定されたのは香淳皇后が考え、上皇ご夫妻が決めたそうです。上皇ご夫妻は「那須平成の森」においでになられた時には、いつもミズメの木をご覧になり、匂いも嗅がれておられました。

ミズメ

体内に入れてリフレッシュすることができます。春先はキツツキのドラミングが聞こえてくることもあります。ここが「学びの森」の中心部であることを実感するもっとも適した場所なのです。息が上がりながらも歩みを進めると、前方から渓流の涼やかな音が聞こえてきます。余笹川の水音です。

これがカエデ？

余笹川の崖の上に出たところで、再び休憩します。ここは私たちが「ヘアピ

ヒトツバカエデ

ブナの花

ンカーブ」と呼ぶところで、ここまで斜面をトラバースしてきたのを方向転換させる場所なのです。渓流からのさわやかな風を浴びて、それまでの疲労を忘れます。春には、シロヤシオ（ツツジ科）やヤマツツジ（ツツジ科）、トウゴクミツバツツジ（ツツジ科）、ブナ（ブナ科）の花などを見ることができます。また、この辺りにはムササビ（ムササビ科）の食痕や糞が落ちていることもあるので、探してみましょう。ヒトツバカエデ（ムクロジ科）の幼木は「これがカエデなの？」とまるでカエデには見えない葉の形や柔らかな葉

ムササビ

タヌキ

の質を触って確かめましょう。タヌキ（イヌ科）のため糞があることもあります。この後はまだまだ登りが続きますので、ゆっくり、ゆっくり進みます。キツツキの洞や倒木が分解されていくプロセスをじっくり観察しながら、昆虫や野鳥などの気配を探します。

ミヤマクワガタ

　やがて、2ケ所目の「番屋跡」に到着し、急な登り道は終わります。「土塁」も見えてきます。「土塁」は馬が逃げないように土で作った「塀」です。その先には、「北湯道」と呼ばれる古道跡も出現します。かつて、ここはたくさんの人々が物資を運んで往来していた場所なのです。人々の生活感や暮らしぶりといったものを感じさせる場所でもあります。

column 11　キノコの種類

　「那須平成の森」では、キノコをテーマにした特別ガイドウォークが人気です。ビジターの方はキノコを見ると「食べられますか？」と尋ねてきますが、食用か不食かの前に、キノコについて基本的な知識をお伝えしましょう。キノコには三つの役割があります。「腐生菌」。主に植物を分解して得る栄養で生きるキノコのこと。腐生菌の中でも特に枯れ木を分解するキノコを「木材腐朽菌」と呼びます。シイタケやエリンギなど、人工栽培に成功して一般に食用されているものはこのグループが多いです。次に、「菌根菌」。生きている木と共生して、栄養のやり取りをしているキノコ。マツタケが有名です。マツタケは共生相手のアカマツから光合成で作った炭水化物などの栄養分をもらうかわりに、地中に菌糸を広げ、水分や鉄分、ミネラルなどをアカマツに与えます。いわゆる「シロ」と呼ばれる部分で、マツタケのキノコ採りの方は、この「シロ」を探すことに長けています。また、「シロ」を人工的に作ることが難しいために、マツタケの人工栽培が困難と言われています。三つ目の種類は「寄生菌」。こちらは、他の生き物に取りついてその身体から栄養分を得て生きるキノコ。冬虫夏草と言われるもので、漢方薬として高価です。「那須平成の森」は、この三つの役割を持ったキノコ全てが生息できる環境にあります。

腐生菌（シイタケ）

菌根菌（チチタケ）

寄生菌（サナギタケ）

ニホンリスが生息

双子のブナ

　その先にあるアカマツ（マツ科）のところで、しばし歩みを止めます。こことその先の2カ所にあるアカマツ（マツ科）は、「那須平成の森」の中でもニホンリス（リス科）が来る北限で、春から秋の間はニホンリス（リス科）はこれより上の標高までは移動していないようです。冬、さすがに食べ物がなくなる頃には、フィールドセンター辺りまでやってきますが、それ以外の季節で「ふれあいの森」でニホンリス（リス科）を見かけることはめったにありません。このアカマツ（マツ科）の下では、松ぼっくりを探してみましょう。松ぼっくりの中でもニホンリス（リス科）が食べたと思われる食痕を探すのです。運よく見つかれば、最近にここへニホンリス（リス科）がやってきた証拠です。私たちはこの食痕を「エビフライ」と命名して紹介しています。

　標高950mまで登ってきました。この辺りには双子のブナ（ブナ科）の大木があります。「樹幹流」やブナ（ブナ科）の実生、あるいはブナ（ブナ科）の種子から生えるウスキブナノミタケ（クヌギタケ科）を探してみましょう。種子から生えるとても小さなキノコです。自然の豊かさを感じることができるでしょう。

　さらにもう少し進むと、「ノウサギルート」との合流地点に到着します。その先から到着地点のフィールドセンターについては、「ノウサギルート」の頁で解説していますのでそちらを参考になさって下さい。

ブナの実生

　カモシカルートは急峻であるが故に、しっかり歩きたい人にとっては十分に堪能できるルートだと思います。春から秋、自然はさまざまな姿を見せてくれます。雨の日もしっとりした森の雰囲気を味わうことができます。どうぞ何度もお越しになっていただければと思います。

学びの森	プレミアムコース　全長約3.5km

ムササビルート

3.5 hours

清森亭

ココを check! 下りを中心としたルート、那須平成の森の中で最も長いルートでしっかり歩きたい方向け、「ふれあいの森」を経由し県道290号を渡り「学びの森」を抜けて「清森亭」を終着地とする

　ムササビルートはフィールドセンターを出発し「ふれあいの森」の一部を歩いた後、県道290号を渡り「学びの森」を歩くルートです。途中までは「ノウサギルート」、「カモシカルート」とコースが重複しますが、進行方向が逆になるので見える風景は違って見えます。終着地点は、那須平成の森がまだ「那須御用邸用地」であった頃、皇室の皆様が休憩場所として使われていた四阿「清森亭」（p.59 コラム 16 参照）となります。出発地（標高約 1,000m）と終着地（標高約 800m）の標高差は 200m です。なお、帰りは、那須平成の森の公用車に乗ってフィールドセンターまで戻ります。

　フィールドセンターで、自己紹介、ルート

フィールドセンターより那須岳を望む

案内、注意事項の説明、準備運動をしたら、早速出発です。天気が良ければ、まずフィールドセンターのデッキから那須岳を望みます。那須岳の成り立ちや、火山として噴火した後、どのようにして現在のような森林に変化していったかなどの解説を受け、トレッキングの始まりです。

ふれあいの森から出発

エゾアジサイ

しばらくの間は、「ふれあいの森」の中の「森の小径」を進みます。ここは、誰でも自由に歩けるエリアなので、時々一般のハイカーとすれ違いながら歩きます。途中、2つの小さな沢を越えます。この2つの沢は、ノウサギルートの頁にも書きましたがノウサギルートで渡った沢の上流部に当たります。源流地点になる湿地も目の前にあるので、眺めて歩くのも良いでしょう。「森の小径」には、キハダ（ミカン科）の大木があったり、エゾアジサイ（ユキノシタ科）やナツツバキ（ツバキ科）が分布していたりします。カエデの仲間も多くの種類が自生しています。

ナツツバキ

森の小径からガイド専用エリアへ

やがて、一般の方は歩くことができない「ガイド専用エリア」へと入っていきます。ここから県道290号付近にあるゲートまでの間は、余笹川へと落ち込む急崖の縁沿いを進みます。那須平成の森は1926年頃は「那須牧場」と呼ばれていた場所で、馬を生産しており草原環境が広

那須平成の森の近くにあった八幡牧場の風景
絵葉書：那須歴史探訪館所蔵

がっていたようです。しかし、急な崖はさすがに馬も降りていくことができず、また樹木の伐採も行われなかったため、現在まで大径木の樹木が残っています。今歩いているところでは、ミズナラ（ブナ科）を中心とした大木が何本も立っているのを見ることができます。斜面上の林床部はミヤコザサ（イネ科）とチシマザサ（イネ科）が覆いつくしています。ミヤコザサは太平洋側、チシマザサは日本海側の気候にそれぞれ自生していますので、那須平成の森周辺は両方の自然環境を併せ持っていることになります。

　急崖沿いから離れると、やがてゲートが見えてきます。ゲートを越え県道290号を渡り、再び別のゲートを開けて入ると、ここからが「学びの森」になります。県道には「アニマルパスウェイ」が掛かっていますが、詳細についてはノウサギルートの頁をご参照ください。

ミヤコザサ　　　　　　　　　　　　　　チシマザサ

樹幹流ってなに？

　「学びの森」に入って少し進むと、右手から現れるノウサギルートとの分岐点となりますが、ムササビルートはこのまま直進します。やがて、右側に株立ちしているブナ（ブナ科）が見えてきます。ブナの肌には黒く染まったような線が入っています。樹幹流と言われるもので、雨天時、ブナに降り注いだ雨粒が一カ所に集中して流れます。やがてその水流はブナの根元に浸み込んでいきます。この雨が集中的に流れた跡が樹幹流という訳です。

　この先少し進んだところで歩みを止め、右手を見てみましょう。奥の方から手前に向かって真っすぐ道のようなものが見えます。いかにも人の手が

48

入ったもののようです。実は、これは「北湯道」という古道の痕跡です。北湯というのは現在の北温泉の古い言い方です。この道は、現在の福島県白河市付近から通じていたと言われます。つまり、那須平成の森には人馬が行き交う道が通っていたことになります。また牧場でもあったこと、更に薪炭林としても活用されていました。現在の風景からは想像もできませんが、この森は当時の人々も暮らしの場所として積極的に利用していたことが分かります。

ブナの木の樹幹流

森の中にエビフライ？

また、この付近にはアカマツ（マツ科）が比較的集まっています。地面に目を凝らしてみると、エビフライ（p.51 コラム 13 参照）のような形をしたものを見つけることができます。エビフライの正体は松ぼっくりです。松ぼっくりの外側を覆っている種鱗と呼ばれるものを“ある哺乳類”が剥がし、間

column 12 那須駒

那須駒とは、馬の種類ではなくてその地域で生産されている馬の総称です。那須駒は那須地方で飼われていた馬ということになります。北海道で見ることのできる道産子のように、おおきくてがっしりとした短い足が特徴です。明治時代から昭和時代までに、ここ那須高原には那須駒を生産するいくつかの牧場がありました。那須町役場のある黒田原には、馬市場があり競りが行われていました。農家では、農耕馬として大切にされてきた那須駒。また、力が強いので当時の自動車の役割を担い、軍馬として高価な金額で取引されていたのが那須駒です。全国各地から注文が殺到した時期もあり、多いときには 500 頭台の生産を誇っていたとのことです。那須御用邸用地にも当時は、那須駒が放たれていました。暮らしを支えてきた那須駒ですが、昭和の高度経済成長期にはトラクター等の機械化が進み、次第に生産されなくなりました。ガイドウォークで「学びの森」を歩くとき、ところどころに馬が逃げないように作られた「土塁」を見ることができます。かつては、那須のどこにでもあった「土塁」は、この「那須平成の森」の中にしか残っていません。貴重な産業遺産の一つです。

黒田原の馬市場
写真：那須歴史探訪館所蔵

に入っていた種子を食べ、最後に松ぼっくり
の芯の部分だけが残され、地面の上に落ちて
いたのです。"ある哺乳類"とは何かお判り
でしょうか？　ニホンリス（リス科）です。
動物が何かを食べた跡のことを食痕と言いま
すが、このエビフライがまさにリスの食痕で
す。リスそのものを見ることができなくても、
その存在を知る術が食痕を探すことなのです。

ニホンリス

ミズメロード

　ルートを進みましょう。やがてルートは左方向に大きく方向を変え、下り
坂にさしかかります。坂が急なので、道はつづら折りになっていきます。私
たちはこの先、つづら折りの道が終わるまでの間を「ミズメロード」と呼ん
でいます。ミズメとはカバノキ科の樹木の名前で、この辺りにミズメが多い
ことからそう名付けました。真っすぐ進むと、折り返し地点の急なカーブの
場所まで来ました。ここは余笹川へ落ち込む急崖を望める場所となっていま
す。

　休憩がてら、耳を澄ますとさまざまな野鳥の囀りも聞こえてきます。谷の
方向では、オオルリ（ヒタキ科）、ツツドリ（カッコウ科）、サンショウクイ（サ
ンショウクイ科）、ミソサザイ（ミソサザイ科）、森側では、キビタキ（ヒタ
キ科）、クロツグミ（ツグミ科）、センダイムシクイ（ウグイス科）などが春先から初夏に
かけて盛んに鳴きかわします。時折、音もなく滑空するフクロウ（フクロウ科）（p.53 コラム14参照）の鳥影に出会うこともあります。

フクロウ

　休憩を終え出発、更に下り続けると、やがて分岐点の目印となるサンショウ（ミカン科）の木が見えてきます。ムササビルートはここで左折します。左折すると地形は平坦になり

ます。ミズメロードから急に平坦な地形に変わったのには理由があります。実は、那須岳が今から約16,000年前に噴火した際に流れ出た溶岩の流れが、この場所で止まったのです。今まで歩いてきた場所は溶岩の上にできた地形、これから先、清森亭に向かう一帯は、その時の溶岩に覆われていないもっと古い地質であるということです。

旧御散策路から清森亭へ

　ここから先は清森亭に向けて快適に歩みを進めていきます。途中、サルナシ（マタタビ科）の長々と伸びたツルや、ヤマボウシ（ミズキ科）の大木を眺め、ところどころにあるニホンジカ（シカ科）の皮剥ぎ跡や角研ぎ跡、ニホンイノシシ（イノシシ科）の地面の掘り起こし跡などに動物の存在を感じながら歩いていると、再び余笹川の流れの音が近づいてくることに気がつきます。

　那須御用邸から続く「旧御散策路」と合流すると、しばらくの間は余笹川の右岸の急崖沿いの道を進みます。葉のない季節なら木の間越しに下方遠くに余笹川の急流を望むことができますが、グリーンシーズンは川の音のみを

column 13 森のエビフライ

　「森のエビフライ」って知っていますか？　私達は、動物等の食痕を探すことで、どんな生き物がそこに暮らしているのかを探求しますが、「森のエビフライ」は最も愛らしい、可愛い食痕の一つです。ニホンリスが松ぼっくりの種子を食べた跡が「森のエビフライ」です。松ぼっくりの種子は、松ぼっくりについているたくさんの羽のような「鱗片」の一番奥にくっ付いています。秋の頃、ニホンリスはこの種子を食べようと、鱗片を一枚、一枚はがします。松ぼっくりには、鱗片の数だけ種子がついていますので、小さい種子ですが全部食べ切ってしまえば、結構な満足感。ニホンリスが食べつくした松ぼっくりをアカマツの上から落としたものを私達は、「森のエビフライ、見つけた〜」と言って喜ぶわけです。解説ネタとしては、ここにエビフライが落ちていることは、この上で、ニホンリスが食事した証拠となります。秋ならばいつでも落ちているわけではありません。そうやって、ニホンリスの食痕を探すことで、少しニホンリスの気持ちを想像することができます。アカマツの種子を食べた跡が「森のエビフライ」ですが、カラマツを食べた跡は、どんな形になっているでしょうか。是非、探してみて下さい。

森のエビフライ

遠くに感じることができます。この急崖には、やはり伐採を免れた樹木たちの大木が林立しています。ブナ（ブナ科）を中心とした河畔には、昔、炭焼きを行っていた石組みの炉が残っていますが、現在は崖崩れのため見に行くことはできません。崖に自生する樹木の多くには、ヤドリギ（ヤドリギ科）が半寄生していて、その実を好物とする野鳥レンジャク

サルナシ

（レンジャク科）の仲間たちの存在を感じることができます。一方、遊歩道沿いには、5月中旬から下旬にはツツジ科の樹木たちが時期をずらしながら花を咲かせ、歩く私たちの目を楽しませてくれます。

　やがて、突然、目の前に未舗装の道が現れます。これは那須平成の森がまだ那須御用邸用地であった頃、皇室の方々がご散策に来られた時に、送り迎えのための車道として作られたものです。ここまで来ると、終着地点の清森亭まではあとわずかです。

　この場所は標高800mほどになります。これまではミズナラ（ブナ科）を優先とした森林でしたが、コナラ（ブナ科）がちらほらと混じるようになります。ちょうどミズナラとコナラの分布の境界線付近を歩いていることになります。この両種の見分け方は、樹皮の模様ではなかなか区別が難しいですが、葉と葉柄を見れば一目瞭然です。ミズナラは葉柄がほとんどありませんが、コナラは葉柄がちゃんとあることから見分けがつきます。ドングリの大きさもミズナラの方が大型なので区別がつきますが、両方のドングリを見ないと比較

ニホンジカの皮剥ぎ跡

コナラ（左）とミズナラ（右）

は難しいかもしれません。

　清森亭までの道は車道なのでとても歩きやすく（もちろん、一般車両は入ってこられないので安全です）、道幅も広いので、ガイドの参加者も一塊となっておしゃべりに花が咲きます。新緑や紅葉の時期にはとても映える道で、写真スポットでもあります。

　いよいよ清森亭に到着しました。休憩がてら、清森亭からの景色を楽しみます。ここからは余笹川の渓谷美、遠くに那須連山を望め、ここまでの疲れを忘れさせてくれるような見事さです。ここまで約3時間。インタープリターは、今日一日をふりかえりつつ、ガイド参加者から感想を聞いてガイドウォークをまとめ、ムササビルートは終了となります。

清森亭へ続く車道

清森亭からの眺め

column 14 フクロウ

　フクロウ（フクロウ科）は、「那須平成の森」では、一年中生息する留鳥の一種です。その姿は簡単には見ることはできませんが、毎年2月頃の朝、夕に森の奥からオスの「ゴロスケ、ホーホー」という声と、メスが反応して無き交わす「ギャー、ギャー」という声が聞こえてくると、繁殖時期が始まったのだとわかります。フクロウが繁殖している森というのは、フクロウの被捕食者であるネズミやヤマネ、小鳥などの生き物がたくさんいることを示しており、生物多様性が安定していることがわかります。時には、捕食された鳥や小動物の遺体を見つけることもあります。自然界の生き物は、生きて、繁殖して、寿命を全うすることが使命なので、私達が考えるよりもはるかにシビアな毎日を送っています。そのことを理解すること、野生動物を知ること、野生動物の視点で自然を見ること、私達はプログラムを通して、ビジターの方々に、自然界のなりたちや生き物の生態を伝え、一人でも多くの「自然を守りたい人」を育てようと活動しています。

フクロウの餌となるアカネズミ（上）やヤマネ（下）

学びの森 | プレミアムコース　全長約2.7km

ロイヤルルート

3.5 hours

ココを check!　那須平成の森内にある「白戸川駐車場」を起点（終点）にし、白戸川と真角沢を越え「清森亭」まで行き戻ってくるルート。白戸川と真角沢の渓谷美が見どころ。皇室の方々が利用された清森亭に立ち寄る。

　このルートは那須平成の森フィールドセンターを出発地とするのではなく、起点（終点）となる白戸川駐車場まで自動車で移動して始まるルートです。この駐車場は那須平成の森専用の駐車場なので、一般車両が入ることはできません。この移動時間を含めて3.5時間のガイドウォークで、定員は9名となります。

　ロイヤルルートのガイドウォークは、まずフィールドセンターの中でルートの全体像、注意事項などを説明した後、公用車両に乗り込み出発です。起点（終点）となる白戸川駐車場には自動車で5分程度で到着します。

白戸川渓谷

　ロイヤルルートは、出発してすぐ、白戸川渓谷と真角沢の2つの厳しい上

54

セリバオウレン

チゴユリ

り下りが連続します。出発前は、怪我防止のため、念入りに準備運動を行います。

エンレイソウ

サンコウチョウ

　それでは出発です。駐車場から森の中のルートに入ると、早速、白戸川の渓流の音が聞こえ始めます。間もなく白戸川の急崖を縫うように遊歩道が続くので、滑らないように足元を注意しながら歩きます。足元は、早春であればセリバオウレン（キンポウゲ科）の可憐な花がひっそりと咲いているのを見つけることができるでしょう。少し季節が進めばチゴユリ（イヌサフラン科）も咲きます。

　やがて白戸川が見え始めると急な道がなだらかな勾配となり、若干歩きやすくはなりますが、進行方向右手は急な崖でもあり、引き続き慎重に進みます。崖の心配もなくなり安心して歩ける谷底までくると、やっと一息つけるようになります。春から初夏にかけては、この辺りで「ツキ、ヒ、ホシ、ホイ、ホイ、ホイ」と聞き取れる野鳥の鳴き声に出会うことがあります。野鳥好きには憧れの一種、サンコウチョウ（カササギヒタキ科）です。声の「ツキヒホシ」＝「月日星」、つまり、三つの光を放つ鳥という意味で「三光鳥」＝サンコウチョウとなります。鳥の特長がそのまま名前となった良い例です。

　崖の上の方からは、小さな沢がいくつも流れ下っています。ルートは木道になっていて、沢はその下を流れ白戸川へと流れ込みます。辺り一帯は湿っぽい場所となっ

ているので、そういった環境を好む植物が生えています。代表的なのは、春から初夏にかけて咲くコバイケイソウ（シュロソウ科）や、夏の終わりから秋にかけて咲くヤマトリカブト（キンポウゲ科）です。

　やがて、白戸川を渡る地点に着きます。白戸川には橋はありません。足場用のアルミ板をその都度川に渡して向こう岸へ渡る、何ともアナログな方法で川を渡るのです。一人一人慎重に渡っていきます。

尾根越えの急登

　渡り終えると、尾根越えの急登です。息を切らして尾根に辿り着いたら一息つきます。この尾根にはセンサーカメラを設置することもあり、野生動物たちが頻繁にカメラに納まっています。ツキノワグマ（クマ科）、ニホンイノシシ（イノシシ科）、ニホンジカ（シカ科）、タヌキ（イヌ科）などです。どうやら、哺乳類たちもよく通る場所のようです。一休みしながらこのような話をし、それを終えると、今度は真角沢へと下る急坂へ向かいます。

ニホンイノシシ

ニホンジカ

　難関である2つの川の上り下りを乗り切りました。これからは今までと違い、比較的平坦な道を進みます。真角沢を登りきったところで分岐点がありますが、ここを左方向に向かいます。しばらくの間は白戸川を左に見ながら川の上流へと進みます。最初は川を下方遠くに見ながら歩きますが、次の分岐にもうすぐ辿り着こうかという頃には、道のすぐ真横に白戸川が流れています。この区間は季節を問わず渓谷美を楽しみながら歩くことができます。

タヌキ

　T字路の分岐点に着き当たりました。左方向は、那須御用邸に通じています（一般の方は入れません）。ロイヤルルートは右方向になります。少しの間

登りますが、それが終わると、中間地点の清森亭までは平坦な道が続きます。

旧御散策路

先ほど那須御用邸に通じていますと書きましたが、ここから清森亭までの道のことを私たちは「旧御散策路」（p.57 コラム 15 参照）と呼んでいます。那須平成の森がまだ御用邸用地であった頃、主に昭和天皇が御用邸本邸から歩いてご散策に使われていた道です。歩いていて、足の裏で感じる感触が硬く感じられるのは、長年人が歩いていた証拠だからでしょうか。歴史を感じさせてくれる道です。この道には、早春にカタクリが群生して咲き、足の踏み場所に困るほどです。

旧御散策路

やがて、ムササビルートと合流しますが、この先清森亭までの様子は、ムササビルートの解説をご参照いただければと思います。

清森亭からの復路は別ルート

清森亭で休憩をとった後は、折り返して出発地点である白戸川駐車場に向

column 15　旧御散策路

「那須平成の森」がまだ那須御用邸用地であった頃、侍従や研究者を引き連れて、昭和天皇はしばしば御用邸本邸から清森亭までご散策をされていたようです。那須平成の森の中にはその散策路が残っていて、「那須平成の森」のガイドウォークのルートと重なって今も使われています。私たちはこの道のことを「旧御散策路」と呼んでいます。

旧御散策路は、「那須平成の森」の他のルートに比べ、足の裏が地面の硬さを感じるほどです。それほど長年に渡り使用されてきたのでしょう。そのことを推測すると、昭和天皇の那須の自然に対する思いがいかに強いものであったかを考えさせられます。

旧御散策路は、途中、白戸川と真角沢の 2 つの美しい渓流を渡り、新緑や紅葉の渓谷美を楽しめます。また、カタクリ（ユリ科）、ツツジの仲間たちの花、オオルリ（ヒタキ科）、クロツグミ（ツグミ科）、キビタキ（ヒタキ科）、サンコウチョウ（カササギヒタキ科）など野鳥のさえずりに耳を傾けながらの散策は、森林浴そのものといった趣です。

シロヤシオ

かいます。途中までは往路と別ルートを歩きます。

　出発して間もなく、針葉樹がかたまって自生している場所を通過します。ちょっと不自然なほどの集中具合です。この針葉樹はモミ（マツ科）です。休憩を兼ねて、モミの葉を少しだけちぎって、揉み、鼻先に持ってくると、柑橘系の爽やかな香りを楽しむことができます。

　気持ちが落ち着いたところで、再び歩き始めると、少し段差のある土手のような所を越えます。この土手のようなものは、私たちを遮るようにずっと

モミ

続いています。いかにも何者か（人間）によって作られた構造物としか考えられません。これは、「土塁」(p.49コラム12参照)というものです。このフィールドガイドでは、那須平成の森は昔牧場であったということに触れてきました。馬を生産していた訳ですが、柵の代わりとして土を盛り上げ、馬がそこを乗り越えて逃げないようにしたものです。現在の那須平成の森でもいくつか確認されていて、ロイヤルルートの復路では、終点まで付かず離れず土塁が右手左手に見ることができます。

　小さな沢まで来ました。ここも湿っぽいところです。初夏はコバイケイソウ（シュロソウ科）が群生し、ホオノキ（モクレン科）などもあって、運が良ければ非常に大きな花（直径15cmくらい）

土塁

ホオノキ

ツチアケビ（実）

が咲いているのを見ることができます。花が大きいので実も大きく、紅葉の時期には大きな葉と共に果実（長さ15㎝程の長楕円形）が落ちているのを見つけることもできます。この大きな葉は、料理の「朴葉味噌焼」に使われる葉です。

また、この場所では、毎年ではありませんが、腐生植物「ツチアケビ」が発生することがあります。腐生植物は菌従属栄養植物（p.25 コラム4参照）のことで、自分で光合成をして栄養を作ることができないため、地中で自らの根が菌類の菌糸と結合して栄養分を得る、という生態を持っています。非常に豊かで安定した森林土壌に発生する植物なので、腐生植物は那須平成の森の豊かさの象徴とも言うことができます。

フジの林を抜けて

沢を過ぎると、フジ（マメ科）が多く自生する場所に出ます。その薄青紫色の美しい花については古代の和歌にも登場するほどで、現代においても鑑賞の対象として有名です。しかし、フジは自立できる樹木ではなく、他の樹木に巻き付いて成長するツル性の植物なので、林業家にとっては厄介な存在でもあります。巻き付かれた樹木が「材木」としての価値がなくなるためです。

column 16　清森亭

「那須平成の森」はもともと那須御用邸用地の一部でした。まだ御用邸用地であった時、用地全体で3つの四阿があり、皇室の方々がご散策された時の御休所として使われていました。「那須平成の森」にはその内のひとつ「清森亭」が残されています。

清森亭は、昭和51年に建設された木造平屋建ての四阿風建物で、標高800m付近にあります。すぐ脇には余笹川に向かう深い谷が続き、遠方には茶臼岳も望めます。昭和天皇は、御用邸本邸から御散策路を経由して度々徒歩で清森亭まで来られていたそうです。

春にはトウゴクミツバツツジ（ツツジ科）や愛子さまのお印シロヤシオ（ツツジ科）などが咲き、初夏にかけてはオオルリ（ヒタキ科）やクロツグミ（ツグミ科）、サンコウチョウ（カササギヒタキ科）などの野鳥たちが囀ります。秋さまざまな紅葉が彩りをそえると、まもなく長い冬へと向かいます。

清森亭内部

自然状態の森林の中では、巻き付かれた方の樹木はやがて枯れてしまい、植生の遷移が進みます。様々な意味で考えさえられる植物なのです。

フジ

フジの林を抜けてしばらく進むと、白戸川の上流へ向かう道との分岐点に着き往路と合流します。ここから先は、往路と同じ道（左方向）を進み、真角沢と白戸川の2つの上り下りの厳しい沢を越えて、白戸川駐車場へと戻ります。この間の解説は重複するので述べませんが、同じ道でも逆方向に歩くと、風景が違って見えるのでその変化を楽しんでいただければと思います。

白戸川駐車場に着きました。最後の最後に真角沢と白戸川の2つの沢を越えたので、終着点に着いた時は、ガイド参加の皆さんは相当息が上がっています。最後に息を整えつつ、ロイヤルルートで見たことをふりかえり、参加者から感想を聞き、ガイドウォークをまとめて終了です。

フィールドセンターまでは公用車両に乗って戻ります。

column 17　　　　皇室エピソード

　　　　　2011（平成23）年5月に開園して以来、皇室の方々は、「那須平成の森」には行幸啓の他に、度々ご静養に来られています。上皇・上皇后陛下は、天皇・皇后両陛下時代から8回、天皇・皇后両陛下、内親王ご一家は、皇太子殿下・妃殿下・内親王ご一家時代から3回、秋篠宮後嗣殿下はお一人で1回（いずれも2023（令和5）年現在）、来られています。大きな自然災害やコロナウイルスの蔓延でのご静養中止以外には、毎年お出でになられています。皇室の皆様をご案内していて感じるのは、皆様は「那須平成の森」がかつての那須御用邸の一部であったことを大変大事に思われていて自然や生態系にお詳しく、関心も高いということです。また、一般のご家庭と同じように、家族どうしの山歩きを楽しまれているご様子です。印象に残っていることは、毎回、上皇・上皇后陛下は居合わせたビジターの方に「どこから来ましたか」と気軽にお声をかけて会話を楽しまれておられること。私達にも、「（開園してから）落ち着きましたか？」、「どんなプログラムを提供していますか？」等と、「那須平成の森」の利用者や生き物について、細かくお尋ねくださいます。特に、2019年に上皇后陛下が「（管理を）環境省にお任せして良かったわ」というお言葉を頂いた時には、とても嬉しく思いました。

　「那須平成の森」の自然の豊かさは、ここが那須御用邸の一部であったために守られてきたという歴史がとても重要で、このことはビジターやガイドウォーク時によく話しています。これからも「那須平成の森」の自然が守られていくよう活動を続けたいと思います。

レギュラーコース　全長約1.0km

余笹新道

2.5 hours

余笹川

ココを check!　最も自然度が高い、ムササビが使用した樹木（巣穴）、那須岳噴火時の溶岩、巨木、湧き水、余笹川の上流域（渓流）沿いを歩く

　このルートは那須平成の森フィールドセンターを起点（終点）とするのではなく、起点まで自動車で移動して始まるルートです。その時間を含めての2.5時間のガイドウォークとなります。

　まずこの道がルートになった経緯をご説明しましょう。那須平成の森が開園する前年の2010年、開園準備業務の一環でガイドウォークのルート工作をする目的で歩いたことが最初でした。この道は元々皇室が使われていたもので、途中余笹川を渡る橋があり、那須御用邸用地にある清森亭という四阿まで通じていた、と環境省から教えていただきました。しかし数年前、台風により余笹川が氾濫した時に橋は流され、そのままになってしまったとのことでした。使われない時期が長かったので道は踏み跡程度しか残っておらず、ルート化するには準備期間が必要であるという印象を持ちました。次に歩い

たのはそれから数年後、あるアセスメント調査で入った時でした。その時は元那須御用邸事務所長のＯ氏も同行していました。Ｏ氏によると「昭和天皇はこの道をよく歩かれていて、天皇ご本人が「余笹新道」と名付けた」ということでした。景観は那須平成の森随一と言っても良いほどであったため、私たちはいつかルー

ボランティアによるルート整備

ト化を現実としたいと思っていました。それが実現したのは2018年のことです。ボランティアを募って遊歩道の整備を開始、自然資源の調査を行い、ルートの解説概要を整えました。そして、2019年のシーズンから新しいルートとして「余笹新道」が開設されたのです。

自然度が最も高い森

余笹新道のガイドウォークは、まずフィールドセンターの中でルートの全体像、注意事項などを説明した後、自動車に乗り込みます。参加者の定員は8名が上限となります。起点となる場所までは自動車で10分弱、車窓の風景を楽しみながらしばしのドライブです。

自動車を降りた場所すぐのところに余

フィールドセンターでの説明

笹新道の起点となるゲートがあります。余笹新道は約1kmの周回ルートですので起点と終点は同じ場所です。ゲートを入ると早速急斜面が現れます。余笹川の谷は深く切れ込んだ崖となっていて、谷底に下りるまでには垂直で100m近く下らなければなりません。ルートは九十九折りになっており、道幅も狭いので慎重に下りていきます。進行方向右手が谷側ですが、歩き始めてすぐ、大木が非常に多いことに気が付きます。那須平成の森周辺は、以前は那須駒を生産していた牧場で、平らな場所は馬を放牧するために樹木を伐

採していました。しかし、沢沿いや深い谷は伐採から免れ古くからの森林は残されたため、余笹川沿いの渓谷もそのような理由から今でも大木が林立しているのです。

ミズナラやハリギリの大木

歩みを進めると、ミズナラの大木が目立つ中で一際存在感がある樹木に遭遇します。ハリギリ（ウコギ科）、別名センノキです。大人が3人ほど両手を広げないと一周できないほどの太さです。この樹木は大きく成長すると樹皮が厚いコルク質になるので、そこに太陽の光が当たると熱が吸収され触れると温かみを感じます。多くの人は思わず抱き着いてその温かみを実感します。自然に癒される瞬間とも言えるでしょう。ハリギリは家具や木工品に有用なので切られることも多く、この太さにまで成長して残るのは珍しいかもしれません。

ハリギリの巨木

足元には春先であればカタクリ（ユリ科）やエイザンスミレ（スミレ科）などのスミレの仲間が花を咲かせますので、踏みつけないように慎重に歩かなければなりません。初夏にはヤマボウシ（ミズキ科）が咲きます。白く目立ちますがそれは花ではなく総苞片という花の回りを飾るものです。秋には実が赤く熟します。夏から秋にかけてはメグスリノキ（ムクロジ科）の大きな種子（4〜5cm）が落ちているのを見つけることもでき

エイザンスミレ

メグスリノキの種子

るでしょう。カエデの仲間の種子は翼果と言います。種となって落ちる時に、翼の部分が風を受けてくるくると回りながら落ち、親木から遠く離れたところに飛んでいくことができます。乾いた種子を見つけたら試してみてください。

心地よい野鳥の囀り

　斜面を半分ほど下りてきましたが、視線を谷側に移してみましょう。目の高さの位置に樹木の枝枝が縦横に伸びています。春から夏にかけてはその枝先に様々な野鳥を観察することもできます。平らな地形なら首を真上に向けて探さなければ野鳥はみつかりませんが、斜面上だと無理な体勢をとらなくでも大丈夫です。この辺りで観察できるのは、オオルリ（ヒタキ科）、クロツグミ（ツグミ科）、ミソサザイ（ミソサザイ科）、ウグイス（ウグイス科）、センダイムシクイ（ウグイス科）、トラツグミ（ツグミ科）、キツツキの仲間などです。目線の奥には余笹川の流れも見え始め川音も徐々に大きくなってきます。野鳥の囀りと川の音が混じり合う調べは、心に染みわたる心地よいシンフォニーのようです。

クロツグミ

ミソサザイ

センダイムシクイ

溶岩でできた「おにぎり岩」

　谷底に到着しました。ここから足元は平らになるので安心して歩けます。振り返って下ってきた斜面を仰ぐと、思わずこんな急な崖を降りてきたのかと思うと同時に、昭和天皇もこの厳しい山道を歩いておられたのかと推察す

ると感慨深くなります。

　余笹新道というルートは、余笹川左岸（上流から見て左側）の川岸が広く
なった場所をまずは下流方向に進み折り返して上流に向かって歩く、ぐるっ
と一周するコースです。林床はミヤコザサ（イ
ネ科）に覆われていてその中に大木が林立して
いるのが基本的な環境です。

　まず現れる大木はメグスリノキ（ムクロジ科）
（p.66 コラム 18 参照）です。種子については前
述したとおりです。名の由来は葉や樹皮を煮出し
てその液で目を洗ったことによるとされます。人
間にとっては有用な植物なのですね。カエデの仲
間ではありますが、カエデの代表的な葉の形であ
る「手のひら型」ではなく 3 枚で 1 セットになっ
た形となっていて、知らなければカエデと気づく
人はいないかもしれません。紅葉は深い紅色を

おにぎり岩

していて秋は森の中を彩ります。やがて進行方向の右側に大きな岩が現れて
きます。私たちはこの大岩を「おにぎり岩」と親しみを込めて呼んでいます。
その名の通りおにぎりの形をしていて、気を付けながら登ることもできます。
この岩は那須岳が噴火した時に流れ出た溶岩でできています。おにぎり岩の
てっぺんには今では大きな木が立っています。それはミズメ（カバノキ科）
と思われます。その木から伸びた根は、おにぎり岩を伝って地面に辿り着き
地中深く根を張っています。植物の生命力の強さを感じずにはおれません。

ムササビが使用した巣穴

　おにぎり岩のすぐ近くには一本のブナ（ブナ科）があって、上の方をいく
つかの穴が空いているのを見つけることができます。野鳥観察に慣れた人で
あればその穴は元々キツツキの仲間が空けたものであることに気づくと思い
ます。元々と書いたのは、よくよく見てみると少し様子が違うのです。キツ
ツキの穴にしては少し大きいし入口部分の擦れの度合いが激しいようです。

ムササビ

この穴を初めて見つけた時、私たちはそのブナの根元に落ちているブナの殻斗（ドングリの帽子）を拾い集めてみました。すると、殻斗の先端が鋭く切り取られたようになっているものを多数見つけました。恐らく何者かがブナの実を食べる時に殻斗の先端をかじって中の実を取り出したのでしょう。この時はその何者は誰なのか、推測はしていましたが結論は出しませんでした。決定打は、写真撮影の成功でした。スタッフのひとりがその穴から顔を出す生き物の姿を捉えたのです。答えは「ムササビ」でした。元々はキツツキの空けた穴でしたが、ムササビが再利用した際、自分の体の大きさにあった入口にリフォームして大きくしたようです。鋭い爪で出入りを繰り返す間に入口の擦れも目立つようになったと思われます。これで那須平成の森にはムササビも生息していることが確認されたのでした。

column 18　メグスリノキ

メグスリノキ（ムクロジ科）は、日本固有種のカエデの仲間です。宮城県や山形県以南から九州地方までに分布しています。「那須平成の森」にはカエデの仲間の種類が多く、大木のメグスリノキもたくさん見ることができます。メグスリノキは名前の通り、昔、この樹の樹液で目を洗ったということから付けられた名前ですが、いまは異なる使われ方をしています。この樹の枝や樹皮を煎じて飲用すると肝臓が丈夫になるという医学的効能があるとのことで、健康茶として飲まれることが多いのです。実際に、北関東や東北地方の「道の駅」などでは、小さな木片の束になって売られています。木材自体もとても強靭で、建築材などにも使われます。このように、人間の生活に役立つ木材を「有用木」と言います。日本の昔の暮らしには木工製品があふれていました。生活のあらゆる物が木から作られていたので、木を始めとする植物について日本人はとても詳しかったのです。ガイドウォークでは、そんな日本人と植物の関係について思いを馳せてもらえるよう、植物の解説には生活の視点をいれるようにしています。

メグスリノキの葉

森の中でお茶会？

　ルートに戻りましょう。余笹新道は 2.5 時間をかけて（車での移動を含め）、たった 1km ほどしか歩きません。逆に言うと、時間をかけてじっくりひとつの体験をすることもできます。例えば、こんなこともお客様に味わっていただきました。

　ルート整備をする際、人が集まれるスペース用にと小さな広場を作りました。そこを茶室に見立てて「お茶会」を催しました。緋毛氈代わりに赤いシートを広げ座り、和菓子を食べ、抹茶をたてて、ガイド参加者に振舞いました。まさかこんな自然の中でお茶会を開くとは思ってもいなかったでしょう。皆さんは驚いたような顔をしていましたが、抹茶を一服ふくまれるとほっとされた様子でした。お茶会の締めくくりには俳句を一人ずつ詠んで句会を開き、休憩を終了しました。このように余笹新道はスタッフそれぞれが工夫して、いろんなことができるルートでもあるのです。

余笹湧泉

余笹湧泉

　休憩を終えて先に進むと、左手に大きな溶岩が折り重なっている風景が現れます。おにぎり岩同様に那須岳が噴火した際の溶岩群ですが、噴火のすさまじさが体験できる景観です。大きな溶岩でできた大岩の集合体ですが、隙間がたくさんあるので恐らくテン（イタチ科）などの小動物たちの棲家になっていることでしょう。

テン

　何本かのケヤキ（ニレ科）の大木を横目にし、右手に湿地を眺めながら進むとやがて余笹新道の折り返し点に着きます。ただし、盲腸のように少し延長した道

ヤブデマリ

ヒメクロサナエ

モイワサナエ

があるのでそちらに向かいます。行きついた先には、湧き水が出ている場所があります。かなり水量が多く、岩の隙間から清らかな水がこんこんと流れ出ています。私たちはこの湧き水を「余笹湧泉」と名付けました。その脇にはヤブデマリ（スイカズラ科）の木があり6月頃にはアジサイのような美しい白い花を咲かせます。トンボなどの昆虫もたくさん見つかりました。様々な生物にとってかけがえのない清水なのでしょう。

column 19　　ツキノワグマについて、小話

　「那須平成の森」の先住者の代表格は、ツキノワグマ（クマ科）です。初めてのビジターには、まずここがツキノワグマの生息地であること、ツキノワグマに出会わないための諸注意を丁寧に説明します。それでも怖いと思った方には、園内に行かないようにアドバイスします。人間の生活圏が野生動物の生活圏に近づきすぎてしまって、いろいろな問題が起きているのが現状です。たいていの方はツキノワグマは怖いと思われていますが、じつは、ツキノワグマにもユニークでお茶目なところがあるのです。ツキノワグマは、「シンナー系の匂いが大好き」という習性はあまり知られていないかもしれません。

これは研究者や林野庁関係の森の中でお仕事をする人には知られている話です。「那須平成の森」では2012年に、「学びの森」の清森亭近くにトイレを建設しました。木製の小屋で腐食を避けるために外壁をキシラデコールをたっぷり塗装しました。翌週、外壁にツキノワグマの爪痕がめちゃくちゃに付けられていました。キシラデコールから発する揮発性のトルエンやメタノールの香りにラリッてしまって、踊り狂ったと思われます。ツキノワグマの酩酊した姿を想像してみて下さい。ツキノワグマの気持ちがわかりますか？

ツキノワグマ

余笹川のほとりを進む

　折り返し地点に戻りました。今まで下流方向に向かっていましたが、ここからは反転して上流に向かい進みます。同時に余笹川をすぐ横（左手）に見ながら歩くことになります。余笹川はこの辺りでは水質に温泉成分が含まれているために生物はいないとされています。しかし渓谷美自体はすばらしく、春の新緑、秋の紅葉と私たちの目を十分楽しませてくれます。今歩いている左岸は開けた場所になっていますが、対岸の右岸は急な崖が続いていてところどころ地層が露頭している場所もあります。地層や地質に興味がある方にとっては、この場所は楽しいかもしれません。

　この辺りでは、フデリンドウ（リンドウ科）、ミヤマウグイスカグラ（スイカズラ科）、ツツジの仲間、イワガラミ（ユキノシタ科）、ツルアジサイ（ユキノシタ科）、コアジサイ（ユキノシタ科）、ギンリョウソウ（ツツジ科）などの花が季節季節でひっそり目立たず咲きます。秋は紅葉の落葉を踏みしめながら歩きます。野鳥の囀りや余笹川の川音、花々や紅葉や空の色彩、川の水の冷たさや樹木の肌触り、森林の複雑な匂い、人間が体感できるさまざまな感覚を体いっぱい感じながら歩くことができます。まさに森林浴と言えるでしょう。

ミヤマウグイスカグラ　　　　　イワガラミ　　　　　　　　コアジサイ

巨木の林立する森や渓流の雰囲気を味わいながら歩いている内に、谷底に着いて下流に向かって歩き始めた場所に合流します。谷底を一周したことになります。ガイド参加者からの声を聞いてみます。口々に、「森に包まれた感じです、癒されました、森を残すことの大切さを感じました」、などなどの感想が述べられます。

フデリンドウ

　最後は、急な斜面を慎重にかつ安全に注意しながら登っていきます。谷底がだんだん遠ざかっていきます。登り坂の苦しい時間ではありますが、今日、感じたり体験したことをかみしめながら、ひとりでふりかえる時間でもあります。登りきったところで余笹新道ルートは終了です。ひとりひとり感じることは違います。感じたことの違いを共感し合うことも大切です。読者には是非、実際に余笹新道を歩かれることをお勧めします。

ギンリョウソウ

column 20　那珂川の源流

　那須連山は栃木県で唯一の「分水嶺」です。「分水嶺」とは、「異なる水系に分かれる境界にある山稜」のこと。那須連山には太平洋側と日本海側に流れる川の源流があるということです。「那須平成の森」の敷地にもいくつかの源流があります。駒止の滝観瀑台から望める美しい川は余笹川。ガイドウォーク「令和橋ルート」では白戸川を渡ります。余笹川と白戸川は「那須平成の森」を経て那須町を縦断し、大田原市内で那珂川に合流します。那珂川の本流は那須岳が源流ですが、やがて余笹川、白戸川ほか、たくさんの支流をたずさえて、全長（幹川流路延長）150㎞、流域面積3270㎢の大河となり、茨城県ひたちなか市と大洗町の境界部で太平洋に流れ出ます。関東地方の清流として名高く、サケの遡上やアユなど豊かな水産資源を涵養しています。那珂川の生態については、大田原市にある「栃木県なかがわ水遊園」に詳しい展示がありますので、是非ご覧下さい。一方、那須連山を源流として日本海に流れるのは「阿賀野川」です。こちらも地図などで流域等を確認してみましょう。また、日本全国の分水嶺を訪ねてみるのも楽しいですね。

駒止の滝

那須平成の森 特別ガイドウォーク

　那須平成の森 特別ガイドウォーク（以下、特別編）は、年数回実施されるガイドウォークで、明確なテーマを持って企画されます。ある年の特別編のテーマは次のようなものです。

「実はたくましい?! 春の妖精カタクリを愛でる早春の森歩き」
　〜 今日だから出会える自分だけの春を探そう 〜
【実施時間：3.5 時間】

「ツツジと新緑を愛でる森歩き」
　〜 いのち芽吹く森で、のんびりリフレッシュ〜
【実施時間：5 時間】

「キノコの森歩き」
　〜 いのち芽吹く森で、のんびりリフレッシュ〜
【実施時間：5.5 時間】

「目的地は北温泉！地産地消にこだわった特製ランチ付きロングハイク」
【実施時間：6 時間】

ほとんどの場合、半日以上をかけますので、お弁当持参で出かけます。案内するインタープリターは2名体制です。長時間を歩くので安全面に配慮して、複数名で対応することにしています。

　那須平成の森には、ふれあいの森、学びの森を含めて、いくつもの遊歩道が作られています。特別編を担当するインタープリターはそれらの遊歩道を駆使して、テーマに沿ったガイドやアクティビティを実施していきます。ある時は、俳句を詠んだり、昼寝をしたり、道なき道を辿ったり…。

　特別編には、自然についての関心が非常に高い方が参加される傾向があります。フィールドセンターの展示見学、30分ミニプログラム、通常のガイドウォークプログラムなどに順次参加され、最終的に特別編に辿り着かれるように思います。

　インタープリターと参加者（または参加者同士）は、特別編での濃密な時間の中で、コミュニケーションを楽しみ、テーマについて語らい、自然の不思議さに驚きの声をあげ、笑顔が絶えることがありません。何時間もの間、人工的な音がほとんどせず、他の人と会うことのない大自然の中に身を置くと、自然に対する感覚がどんどん鋭くなっていく自分にも気づくようです。ちょっとした物音に後ろを振り返り、微かな花の香りに微笑み、地面の暖かさを手のひらで感じ、視力まで良くなった気がしてしまいます。森で出くわした、ちょっとしたことを不思議に感じ、「なぜ？　なぜ？

column 21　変形菌

　変形菌はキノコのなかまではありません。粘菌と言う名前も持っていますが、変形菌はアメーバ界の生物で、その生活史は、「子実体」と「変形体」という大きな二つの時期があります。胞子をつくる子実体になる前は、アメーバのように動き回って、主に微生物のバクテリアを食べて大きくなります。「変形体」の時期から「子実体」に変わるまでの時間は一晩から一日ほどで、それまでとは全く異なる姿に変身します。とてもユニークな生き物なのです。「那須平成の森」にはたくさんの変形菌が生息しています。変形菌の役割は、簡単に言うと、キノコなどの菌類だけしかいないと、全ての有機物を分解して何もない状態になってしまいますが、変形菌がいるおかげでキノコが分解する時間を遅延し、全てを分解しつくさない、多様性を保つ働きを持っている、ということです。

変形菌の研究は、南方熊楠が有名ですが、昭和天皇もこの那須御用邸の敷地の中で、変形菌の研究をされて、新種を見つけておられます。皆さんも森の中にいる変形菌を探してみませんか。もしかしたら新種を発見できるかもしれません。

ヤリカミノケホコリ

なぜ？…」だらけの頭になっていきます。それが楽しく、心地よく、更に会話に花が咲いていきます。そして自然界の危うさも…。インタープリターでさえ答えを持っていないことも多く、皆で「なぜだろうね」と考えるのです。

このような感覚が、現実の世界に戻った時に「ふと、自分は何をすべきなのだろう」と考えさせるきっかけになるのだと思います。

特別編「森カフェ」

参加者の皆さんは、帰り際、「パワーをもらいました。明日から頑張っていきたいと思います」、「いろいろ考えさせられました。また来ます」などと口々に話しながら帰路に就かれます。ほとんどの方は、リピーターとして戻って来られます。

那須平成の森の自然。それは、人それぞれ、何かを深く感じさせてくれる、不思議な場所なのかもしれません。

特別編「冬虫夏草を見つけよう！」

column 22　ミウラ折

ミウラ折は、正式には「二重波型可展曲面」と言います。折り目が重ならないように折られているのが特徴で、1970年に東京大学の三浦公亮博士が考え出した折り方です。じつはこのミウラ折は、自然界にはごく普通にみられることなのです。

例えば、トンボの羽化の際に、羽化する前の羽はミウラ折と同じような構造で殻の中に折りたたまれていて、羽化時には根元から効率よく開いていきます。

また、5月頃の木本の若葉が出る際、アカシデやイヌシデ、カエデの仲間の冬芽の中の葉は、山折りと谷折りを繰り返すミウラ折と同じ構造で折りたたまれています。私達は、この時期、ガイドウォーク時などで、参加者と一緒にこのミウラ折体験をします。葉が開き切らない時期にしかできない季節限定のアクティビテイです。器用な人も不器用な人もそれぞれにチャレンジして、自然界の不思議な技術を追体験します。現在、このミウラ折のメカニズムは、地図やパンフレットに応用されています。また、宇宙開発での太陽光パネルもこの構造を利用しています。少ない材料で強度を保てることがメリットなのです。アルミニウム缶のコーヒーやアルコールに採用されている「ダイヤカット缶」もそうです。三浦先生は、自然界の構造とは全く知らずに独自の理論でこの構造体を解明しました。

ミウラ折の体験セット

30分無料ミニプログラム

　30分無料ミニプログラム（以下、ミニプログラム）は、その名の通り、短時間で、無料で体験できるプログラムです。「滞在時間があまり取れないが、何か手軽に体験したい」という方にちょうど良いプログラムです。

　プログラムの種類は18種類前後（2022年度）あり、何度来ても違う体験ができるので飽きることはありません。分野は自然科学ばかりではなく、歴史・文化などもテーマにしています。実施の方法は、スライド、観察、五感、遊び、創作活動など多岐に渡っています。これらの分野や実施方法を、ガイド的にしたり、体験的なものにしたりして、バリエーション豊かなラインナップにしています。

　30分の時間の使い方は、他のプログラムと同じで、導入的な自己紹介から始まり、プログラムの本体部分を実施して、まとめて終わる、という3段階方式です。30分という短い時間のプログラムでも、この流れを踏まえてプログラムは実施されます。

　ミニプログラムにはファンになる方も多く、「毎回楽しませていただいています」と声をかけてこられることもあります。

　ミニプログラムに満足していただけたら、次回来られた時には是非有料のガイドウォークに参加していただければと思います。

※写真のキャプションは、全てプログラム名です。

美しい花たちの戦略

どんぐりの森誕生秘話

那須平成の森「花札」で遊ぼう

森のハンター

ちょこっと森ガイド

　30分無料ミニプログラム（以下、ミニプログラム）同様、短時間で体験できるプログラムです。ミニプログラムとの違いは、ちょこっと森ガイド（以下、森ガイド）は、所要時間が1時間で有料となるところです。また、実施場所がミニプログラムが「ふれあいの森」での実施なのに対し、森ガイドは基本的に「学びの森」となります。「30分では物足りないが、2時間のガイドウォークには参加できない。「学びの森」に行きたい」という方にお薦めです。

　森ガイドは、インタープリターによって内容が変わりますので、インタープリターの個性を楽しむことができます。

　森ガイドは、予約制ではなく、当日受付となります。

column 23　　外来種

　外来種とは、もともとその地域にはいなかった種が、人為的に他の地域から入ってきた生き物を言います。外来種の対語は、在来種です。「那須平成の森」でも開園以来、外来種管理としてモニタリング調査を行っています。一番、わかりやすい外来種は、植物のセイヨウタンポポ（キク科）やハルジオン（キク科）、ヒメジョオン（キク科）。いずれも、私達やビジターが故意ではなく、靴の裏に種子をつけたまま来園することが一因です。このため、「那須平成の森」では、駒止の滝駐車場側に外来種の種除去マットを敷いてビジターに喚起を促しています。「ふれあいの森」は年間5万人が来園（コロナ禍前）していますので、植物由来の外来種はどうしても増加傾向にあります。これに比べて、一日の利用人数に制限をかけている「学びの森」では、まだ重篤な植物由来の外来種は出現していません。外来種問題で最も厄介な物は、鳥類や哺乳類などの移動を伴う生き物です。ハクビシン（ジャコウネコ科）やアライグマ（アライグマ科）は開園当初から危惧されている哺乳類ですが、近年では、これに加えてガビチョウ（チメドリ科）がここ数年の間に急速に侵入してきた特定外来種です。ガビチョウは、ウグイスやキビタキの鳴きまねをしたり、これらの留鳥や渡り鳥の繁殖を駆逐してしまうリスクが高いと言われています。いずれにしても、地球温暖化と外来種問題は、「那須平成の森」の多様性を保全する上で今後の大きな課題となる問題です。

ハクビシン

アライグマ

ガビチョウ

（主催）自然体験・学習プログラム

　那須平成の森では、ガイドウォークプログラムとは違った自然体験を主催事業として行っています。ガイドウォークのように長い距離を歩くのではなく、定点に近い形で、よりじっくりと私たちの持つ「感性」を開いていくような自然体験です。インタープリターの解説を聞くというよりは、プログラム参加者自身が主体となって活動する要素が強くなります。アクティビティ（個々の活動内容）はいくつも用意します。知らない人が集まる場合は、お互いが知り合えるアクティビティから始まり、最も体験してほしいものは30分程度から長いものでは１時間くらいかけて実施します。体験の締めくくりは、それまで過ごした時間をまとめる意味合いのアクティビティを準備します。最後に、参加者全員が車座になって感想を述べ合い、インタープリターがメッセージを伝えて終了となります。

　また、テーマ性を持ったプログラムもあります。一例を紹介しましょう。プログラムのタイトルは「大人の休息タイム」です。このプログラムが生まれたきっかけは、「世の中には疲れた人が多いだろう」、「短い時間の自然体験を求めている人もいるだろう」と私たちが思っていたことです。内容はいたってシンプルです。「学びの森」の中まで15分ほど入ったところで、"森の中でぼんやり座って過ごす"だけです。サプライズとしては、フィールドセンターに出店しているカフェから、淹れたてのコーヒーが運ばれてくることです。これで１時間。参加された方は満足されて帰っていきます。楽器演奏が

森の万華鏡

一筆入魂

得意なインタープリターがいれば、バイオリンやフルートの演奏を取り入れ、ミュージックウォークをすることもあります。

（主催）自然体験・学習プログラムは有料のプログラムです。

那須平成の森に出店しているカフェ

「大人の休息タイム」風景

column 24　フェノロジー

フェノロジーとは「季節学」とも言われますが、季節の循環とその変動によって植物や生き物が作る周期が季節と経年の変化でどのように影響されるかを研究する学問です。私達インタープリターにとって基本的な姿勢として必要な学びです。「那須平成の森」では、開園時から自然情報の記録をつけています。対象は、霜や積雪などの気象、植物、紅葉、昆虫、鳥類、哺乳類、両生爬虫類、菌類、変形菌、その他の計 10 類。植物でしたら開花、出葉、展葉、結実、熟果、終わり。鳥類では、目視、初鳴き、囀り、地鳴き、営巣、渡り、落鳥等。それぞれに日付と種名と目視した場所を記入します。開園 10 周年を迎えた 2021（令和 3）年の「那須平成の森通信」では、年間（4 刊）を通して、この 10 年に渡るフェノロジーを振り返る特集を組みました。その一部を紹介します。カタクリ（ユリ科）の開花は、2012 年では 4 月 17 日、2018 年では 4 月 3 日と少し早くなっています。オオルリ（ヒタキ科）の初鳴きは、2011 年 5 月 7 日、2016 年 4 月 20 日。エゾハルゼミ鳴き始めは、2011 年 5 月 28 日、2018 年 5 月 6 日。ジョウザンミドリシジミ成虫出現は、2011 年 7 月 30 日、2018 年 6 月 30 日です。いずれも早まっていることがわかり、地球温暖化の影響なのかと推測できます。今後もフェノロジー記録は継続していきます。

カタクリ

オオルリ

ジョウザンミドリシジミ

エゾハルゼミ

モニタリングプログラム／植生管理プログラム

　このふたつのプログラムは、一般参加者を募って無料で行う主催事業です。モニタリングプログラムは「自然調査系」のプログラムです。自然の豊かな那須平成の森は、様々な生物が多様に生息しています。それらの自然資源をテーマ性をもってプログラム化し、自然の調査体験に興味を持った人々に参加してもらい、サイエンスの視点で物事を捉える大切さを理解してもらいます。

　例えば、「シード（リター）トラップ調査」というものがあります。那須平成の森では、ミズナラのドングリを使って調査をしています。森の中のミズナラの木の下に、ネットを袋状に張り、その中に落ちたドングリの数を定期的に数える、というものです。これを毎年継続することで、その年のド

シードトラップ調査

ングリの豊凶が分かります。ドングリの少ない年は、ツキノワグマが里に降りる可能性があるなどの予測にもつながります。単純な調査なので、小学生など低年齢の人が参加することも可能な調査体験です。

　植生管理プログラムは、樹木の徐間伐、遊歩道整備など森林を管理するための「作業系」のプログラムです。

　「ビオトープ作り」を例にあげましょう。ビオトープは、何らかの影響で変わってしまった生態系を元に戻して、本来そこにいるべき生物が生きていけるような自然環境にすることです。那須平成の森は源流域の森林です。あちらこちらで、源流となる清水が湧き出

ビオトープ作り

ています。あるプログラムでは、湧水のある場所を堰き止め、池を作り、もともと生息しているアズマヒキガエル、ヤマアカガエル、水生昆虫、オニヤンマが産卵できるような場所を作る作業系プログラムを実施しました。参加者は小学生以上、大人まで。湧水が流れ出る場所をスコップで掘り広げ、間伐した樹木で法面が崩れないように杭を打ち、池の中には、枯れ枝などを敷き、生物が産卵しやすいようにしました。今では、カエルたちが産卵できる場所として活用しています。作った人たちも、時々訪れてはそんな様子を楽しそうに眺めています。

ヤマアカガエル

アズマヒキガエル

オニヤンマ

column 25　　ドングリの豊凶

　　　　　　　　　　ドングリはブナ科の仲間の実の総称です。「那須平成の森」では、ブナ、ミズナラ、コナラが代表的です。ドングリは森に暮らす様々な生き物たちの大切な食料になります。ツキノワグマ（クマ科）、ホンドリス（リス科）、ヒメネズミ（ネズミ科）などの哺乳類、鳥類のカケス（カラス科）、コナラシギゾウムシ（ゾウムシ科）といった昆虫たちが食糧とします。

　ただし、ドングリには実りの豊かな年とそうではない年があります。「那須平成の森」でのこれまでの調査で、ほぼ一年ごとに豊凶の年が繰り返されることが分かりました。ドングリの多い年は動物たちにとっては安心して冬を乗り切ることができるでしょう。しかし、その逆の年はどうなるでしょうか？　山に食糧が少ない年、ツキノワグマ（クマ科）などは食糧を求めて人里に姿を現し、駆除という名のもとに悲しい結果になることがあります。

　ドングリの豊凶はなぜ起こるのでしょうか？　科学的に解明されていませんが、豊凶によって特定の動物だけが増えたり、絶滅したりといった極端なことは起きていないようです。自然界のバランスの取り方は魔訶不思議です。

カケス

コナラシギゾウムシ

スノーシューガイドウォーク

スノーシューガイドウォークは、積雪期のみ実施するプログラムで、ふれあいの森での活動となります。その年の冬の天候頼みのプログラムとなりますが、概ね実施できるのは1月〜3月中旬となります。雪の多い年では、12月下旬から3月下旬までと実施時期の期間は広がります。

スノーシューは特別な技術がなくても、どなたでも（概ね小学生以上）扱うことができます。装着の仕方や、歩き方のコツ、持ち運びのルールなどは、ガイドウォークが始まる前に必ずレクチャーがありますので、安心して参加できます。スノーシューはご自分のものをご持参いただいても大丈夫ですし、フィールドセンターで借りる（有料）こともできます。

服装については注意が必要です。那須平成の森周辺の冬の気温は、日中でも氷点下（真冬日）の日が多くあります。上下の服装はもちろん、スノーブーツ、手袋、帽子、耳当て、サングラス、カイロなどは必需で、ガイド中に体を温める暖かい飲み物もあると良いでしょう。

スノーシューガイドウォークには、2時間コースと3時間コースがあります。グリーンシーズンには遊歩道に沿って歩きますが、冬は雪に覆われてしまいその遊歩道は見えなくなってしまいます。スノーシューガイドウォークは、予めカラーのテープが付けられている木を目印として進みます。

ガイド風景

他のルート解説では、ルートの順路に沿って、四季折々で見ることができる自然物の解説をしてきました。スノーシューガイドウォークの解説では、順路にそった話ではなく、雪

雪上で寝転がる

上を中心にどんなものを見ることができるのか、体験できるのか、を中心に述べたいと思います。

　まず、前述したように、フィールドセンターで装着の仕方や、歩き方のコツ、持ち運びのルールなどのレクチャーを受けていただきます。その後、2（3）時間コースの説明を聞いたら、スノーシューを持って野外に出ます。雪上でレクチャー通りにスノーシューを装着できたら、その場で歩く練習し、さっそく出発です。

　スノーシューの醍醐味は、グリーンシーズンと違って好きな場所を自由に歩くことができることです。迷わないように、あくまでもカラーテープを目印にしますが、自由度は格段に上がります。

　そして、グリーンシーズンに見られなくて、積雪期に見られるものとして代表的なものは、「哺乳類や鳥類の足跡」でしょう。キツネ（イヌ科）、タヌ

タヌキの足跡　　　　　　　　　ニホンリスの足跡

キ（イヌ科）、テン（イタチ科）、ニホンノウサギ（ウサギ科）、ニホンジカ（シカ科）、ニホンイノシシ（イノシシ科）、ヤマドリ（キジ科）などです。極論を言えば、ずっと追いかけていけば、いずれその動物に会えるかもしれないということです。特長的なニホンノウサギの足跡の形を覚えておけば、野生のウサギが身近な生き物と感じることもできるでしょう。

　セッケイカワゲラ（クロカワゲラ科）（p.82 コラム 26 参照）という昆虫も見逃せません。体長 10mm ほどで翅を持たず、氷点下でも生きられる昆虫です。春、川で卵を産み、幼虫は下流に流されながら夏眠などをし、2 月頃までには羽化し成虫となります。スノーシューガイドウォークを実施する時期は、セッケイカワゲラの成虫は、川の上流（産卵場所）へと向かい、一生懸命歩き回っている時期なのです。セッケイカワゲラを見つけることができたら、

この昆虫の生態の不思議さを体感することができるでしょう。

　その他、冬でも葉を落とさないアズマシャクナゲ（ツツジ科）を見つけに行ったり、樹木の冬芽を観察したり、シャクガというガの仲間を探したり、と楽しみ方は様々です。

　ソリ遊び。これも楽しみのひとつです。傾斜地があればどこでもできます。私たちは、ソリ代わりに、銀色のシートを使って滑り降ります。子供も大人も楽しめるアクティビティです。これもグリーンシーズンには味わうことが

リョウブの冬芽

ナツツバキの冬芽

サンショウの冬芽

column26　セッケイカワゲラ

　「那須平成の森」の冬季の楽しみ方は、スノーシューガイドウォークです。「ふれあの森」の中をインタープリターに案内してもらい、グリーンシーズンでは歩けないルートをはずれたはるか彼方まで歩きます。2月〜3月にかけて、マイナスの気温の中、雪面上に小さくて黒い動く昆虫を見つけます。それがクロカワゲラ科セッケイカワゲラの成虫です。体長1cm程度で翅はありません。この時期ほとんどの生き物は冬眠か越冬かで「動いて生きている」姿は見かけません。しかし、セッケイカワゲラはこの厳冬期こそに活動するめずらしい生き物なのです。生息地は、北海道から本州の積雪地。セッケイカワゲラは春に卵を産み、幼虫は夏、水温10度ほどの渓流の川底で夏眠します。幼虫は、沈んでいる落ち葉を食べ、終齢幼虫の後2月頃に羽化して成虫になります。セッケイカワゲラは夏は眠り、冬に活動するという普通の昆虫とは真逆の生活を送っているのです。成虫は雪上で暮らします。一番不思議なことは、成虫のセッケイカワゲラは、雪上を常に源流部に向かって歩いていることです。地面の傾斜や太陽の位置で上流の方向がわかると言われています。冬、「ふれあいの森」でセッケイカワゲラを探してみましょう。

セッケイカワゲラ

クロスジフユエダシャク

チャバネフユエダシャク（メス）

できない体験となります。

　スノーシューガイドウォークのできる積雪期は、一見、自然資源の少ない寂しい季節と思われるかもしれませんが、実は楽しみ方はグリーンシーズンにも劣ることはありません。是非、一度体験をしに来ていただければと思います。

column27　レンジャクとヤドリギ

　日本には、ヤドリギの仲間は、全部で3種類ありますが、ヤドリギ（ヤドリギ科）はその代表的な種類です。冬になると葉が落ちたブナ（ブナ科）やミズナラ（ブナ科）の樹の枝先に大きな常緑樹の丸い球体がくっついている姿を見ることがあります。この常緑樹の球体がヤドリギ（ヤドリギ科）です。春～秋は、宿主の樹木に葉がついているので、ヤドリギ自体は見えません。冬になるとその存在感がにわかに急浮上するのです。冬の時期にヤドリギ（ヤドリギ科）を観察すると、黄色やオレンジ色の小さくて美しい、まるで宝石のようなたくさんの種子がついています。レンジャクという冬鳥は、じつはこのヤドリギ（ヤドリギ科）の種子が大好物です。ヤドリギ（ヤドリギ科）の種子には強い粘り気があって、レンジャクたちがこの種子を食べた後に、空を飛びながら糞をしたときに、種子の周りの粘着物が伸びて、ブナ（ブナ科）やミズナラ（ブナ科）の枝先にうまく着地することができるのです。そこから種子は宿主の枝の中に侵入し、上手に根を張っていきます。ヤドリギ（ヤドリギ科）は「半寄生植物」と言って、寄生された宿主が弱ることもなく、両者は互いにウインウインの関係で生きていくことができます。運が良ければ、ヤドリギ（ヤドリギ科）の種子をついばむヒレンジャク（レンジャク科）やキレンジャク（レンジャク科）を見つけることができるかもしれません。「那須平成の森」の冬の醍醐味は、ヤドリギとレンジャクです。

ヒレンジャク（左）とキレンジャク（右）

ヤドリギ

ナイトハイキング (スノーシュー)

　スノーシューを使ってのナイトハイキングは、冬、積雪期の夜に実施する
プログラムです。ツキノワグマの生息地域である那須高原は、グリーンシー
ズンにはナイトハイクはできませんが、厳冬期、クマは冬ごもりをしている
ので、安心して夜のプログラムを実施できます。ふれあいの森での活動とな
ります。

　那須平成の森のナイトハイキングは、懐中電
灯を照らして野生動物を探す、といったアクティ
ブな活動はあまり行っていません。日頃、山奥
の夜の森に入り込む機会はあまり無いことで
しょう。せっかくですから、このような非日常
の体験の中で、ひとり森の中に佇み、昼と夜の
違い、夜の森の雰囲気、動物の気配、星の美しさ、

ナイトハイキング前のレクチャー

などを味わいます。時には自分自身をふりかえるような体験をする人もいま
す。どちらかというと静かな体験なのです。

　まず、フィールドセンターの中で、注意事項を聞き、スノーシューの履き
方のレクチャーを受けます。それが終わったら、いよいよ夜の森へと出発です。

　天候が良ければ、フィールドセンターのデッキから空を見上げます。冬は、
一等星の星たちのオンパレードです。有名なオリオン座や、すばる、全天で
最も明るい星シリウスなどなど、天体望遠鏡がなくとも、十分に星を楽しむ
ことができます。

　壮大な宇宙を味わったら、今度は地球の深い森の中へと歩みを始めます。
月明り次第ですが、那須平成の森では基本的に懐中電灯を使いません。自分
の目を頼りに歩きます。満月の夜などは、驚くほど森の中が明るいのです。

　夜の暗さに目が慣れてきた頃、ロウソクを使った実験をすることがありま
す。片方の目をつぶり、もう一方の目で、ロウソクに灯された火を凝視しま
す。2分ほど経ったところで火が消され、両目とも開けて周辺を眺めてみます。
両目の見え方が明らかに違います。ずっと閉じていた方の目は、森の輪郭が
はっきり見えます。火を見ていた方の目からは、森の姿がほとんど見えませ

夜の森

ん。火を見ていた目は昼間の見え方がしているのです。人間も野生動物のように目が慣れさえすれば、夜の森でもある程度はっきり見ることができる訳です。野生動物との距離がほんの少し近づいたような気分になります。

　実験が終わったら、再び歩き始め、もっと森の奥に進みます。さあ、今度はひとりびとりが周辺に散らばって、ソロ体験をする時となりました。この体験は、暗闇の中、ばらばらに散らばりますので、途中迷ったりしないように丁寧にルール説明を行います。ソロ体験の時間は約15分ほどです。各々、雪の上に寝転がれるほどの大きさのシートを手渡され、佇む場所を探します。一度決めた場所からは移動しない、おしゃべりをしない、時間を忘れる（時計を見ない）、懐中電灯を使わない、などのルールを守って佇みます。しーん、と静まり返った時間が過ぎていきます。15分が経ちました。インタープリターが集合の合図に笛を鳴らし、インタープリターがいる場所の樹木をライトで照らし、それらを目印に集まってもらいます。

　集まったところで、丸く円を作り、再びシートを広げてその場に座ります。ここからは、それぞれが体験したこと、感じたことなどを発表してもらいます。冒頭でも書いたように、昼と夜の違い、夜の森の雰囲気、動物の気配、星の美しさ、自分自身をふりかえるような時間だったことなど、思い思いの感想が述べられていきます。同じ体験を、同じ時間に、同じ場所で行ったのに、感想は全く違うものです。しかし、どれも間違いではないこと、また共感できることの素晴らしさを感じることができます。

　全員の感想発表が終わったところで、フィールドセンターへの帰途に着きます。スノーシューを使ったナイトハイキングはこれで終了です。このプログラムはいたってシンプルなのですが、夜の森という非日常の空間が全ての演出をしてくれます。その都度、得られる感動は違います。何度体験しても新鮮なプログラムです。是非参加してみて下さい。

（受託）自然体験・学習プログラム

自然体験プログラム

（受託）自然体験・学習プログラム（以下、受託プログラム）は、グループや団体などの依頼を受けて、オーダーメイドで行うものです。依頼主は「山を歩く会」などの一般のグループから、学校等の教育団体まで様々です。有料が基本ですが、障碍者団体などは料金を割り引いて受託します。

　受託プログラムの内容は、まずガイドウォークのように長い距離を歩くプログラム。次に、定点に近い形で、よりじっくりと私たちの持つ「感性」を開いていくような自然体験プログラム。3つ目は、それらを融合したものです。ここでは定点型（融合型）プログラムの解説をしたいと思います。定点型はインタープリターの解説を聞くという一方通行ではなく、プログラム参加者自身が主体となって活動する要素を大切にしています。その上で「オーダーメイド」として依頼者の要望に沿えるように、事前に相談を重ねながら実施に向けて準備します。依頼者の要望とは、例えば「自宅と学校を行き来するだけの子供たちに、自然を思いっきり体験させたい」とか、「クラスをチームとして協力し合えるように、子供たちの協調性を育みたい」など千差万別です。

　受託プログラムの実施時間は、2時間程度が最も多く、概ね1時間から3時間の間の希望が多いようです。この時間の中で、まずインタープリターとプログラム参加者の心の距離を縮め、参加者に那須平成の森という場に慣れてもらうために、"心ほぐし＆体ほぐし"の体験を行います。

　その後、団体の要望などを取り入れながら、アクティビティ（個々の活動内容）をいくつか実施していきます。この時間で最も体験してほしいアクティビティをその時間のピークに配置します。

感性を開く自然体験プログラム

学校団体のプログラム

体験の締めくくりは、それまで過ごした時間をまとめる意味合いのアクティビティを準備します。最後に、参加者同士で感想を述べ合い、インタープリターがメッセージを伝えて終了となります。

用意していたアクティビティを全て行えるかというと、そううまく進行しません。参加者の興味の度合いによっては、あるひとつのアクティビティの実施に意外に時間がかかったりもします。しかし、時間が足りなくなるからといった理由で急がせることはしません。あくまでも参加者に寄り添って共感しあうことに務めます。結果的に、それが参加者の良い感想につながっていくことになります。

受託プログラムの中で、特に学校団体のプログラムは教育的という位置づけで、私たちは大切にしています。学校行事は継続的に行っていただけることが多く、リピート参加してくれることで、子供たちに対する教育的な効果が向上すると考えるからです。子供たちからその体験の思い出を親世代に伝えることによって、大人への教育にもなるという好循環につながることができます。

column 28　オトシブミ

オトシブミとはオトシブミ科の昆虫で、メスは初夏の頃、ナラやクリ、ハンノキ等に揺籃をつくります。オトシブミはまず一枚の葉の上を歩いて、全体の長さを測ります。次に、葉の根元に切り込みを入れて裁断し、葉を萎ませます。さら葉脈を咬み、半分に折ります。先端から少し巻いて産卵します。最後まで丸めたら、開かないように折り返しを留めます。切り落としたら終了。初夏のガイドウォーク時には、私達インタープリターは、オトシブミの揺籃を探します。運がよければルート上に見つけることができるでしょう。参加者にオトシブミという昆虫を紹介し、この揺籃の作り方を説明します。初めてオトシブミの揺籃を見た人は、その作り方の精巧さに驚きます。また、オトシブミの名前の由来を聞けば、さらに盛り上がります。平安時代から行われていたらしいのですが、昔は手紙は巻紙でした。恋文（ラブレター）を道にわざと落として、相手に思いを伝えることを「落とし文」と言っていたそうで、そこから昆虫の名前になりました。初夏限定の、小さな緑色の恋文です。

オトシブミ（上）と揺籃（下）

インタープリテーション

　インタープリテーションという言葉（英語）について話したいと思います。私たちのような自然の中でガイドなどを行う者にとって、この言葉はとても重要な言葉です。一般的には「翻訳」や「通訳」と訳されます。これが自然の中の活動ではどのような意味になるのか解説したいと思います。

　評論家フリーマン＝チルデンは、アメリカの国立公園局からの依頼でインタープリテーションについて解説した「Interpreting Our Heritage」（1957年）を発刊しました。その中で彼は「インタープリテーションは、単に事実や情報を伝えるというよりは、直接体験や教材を活用して、事物や事象の背後にある意味や相互の関係を解き明かすことを目的とする教育的活動である」（「インタープリテーション入門（小学館）」より）と定義しました。ポイントは3つあります。まず「事実や情報を伝える」だけではインタープリテーションではないということです。二つ目の「事物や事象の背後にある…」を別の言い方で表現すると、「見えるものを通して、見えないことを伝える」と言えます。最後に、「教育的」であり、楽しいだけに留まらない、ということです。環境教育という教育分野があります。一般的には環境教育（の目的）は「地球のすばらしさを知ると同時に、直面する問題を知り、それに対して何らかの働きかけができる人を育てること」と表現されます。私たちはこの教育を目的とし、インタープリテーションを手段とし活用しているのです。

　更に大切なことがあります。それはインタープリター（インタープリテーションを行う人のこと）はメッセージを持つことがとても重要だということです。その思いを相手に伝える技術が求められ、相手の気持ちに寄り添うこと（共感）も大切です。つまり、インタープリターは人と関わることを厭わず、アサーティブなコミュニケーションができる人、と言えるでしょう。那須平成の森のスタッフは、このような能力や技術を日々磨きながら業務に励んでいるのです。

インタープリター（2022年当時）

那須平成の森
いきもの図鑑

ニホンツキノワグマ（クマ科）　体長：110〜130cm
　　　　　　　　　　　　　　　　分布：**本州、四国**
生態系ピラミッドの頂点。那須平成の森では数頭が生息すると推測されます。草食性の強い雑食で、ドングリ、サクラやヤマブドウの果実などを食べます。

ニホンカモシカ（ウシ科）　体長：100〜120cm
　　　　　　　　　　　　　分布：**本州、四国、九州**
国の天然記念物。名にシカとありますがウシの仲間です。那須平成の森では、時折見かけることがあります。目が良くないのか、近づいてもあまり逃げません。

ニホンジカ（亜種ホンシュウジカ）（シカ科）
　　　　　　　　　　　　　　　　分布：**本州**
那須平成の森では少なかったが、近年では増加傾向です。草食性で、エサの少ない冬は樹木の皮などを剥いで食べます。

ホンドギツネ（イヌ科）　　　体長：57〜70cm
　　　　　　　　　　　　分布：**本州、四国、九州**など
雑食性の動物。一本の直線になるように足跡を残すので、積雪期に足跡を見つけるとキツネであることが分かります。

タヌキ（イヌ科）　　　　　　体長：50〜60cm
　　　　　　　　　　　　分布：**本州、四国、九州**など
雑食性の動物。タヌキには「溜糞」という習性があります。共同トイレのことで、情報交換の場とも言われています。

ホンドテン（イタチ科）　　　体長：45〜50cm
　　　　　　　　　　　　分布：**本州、四国、九州**
肉食と共に果実も好む雑食性の動物。夏毛と冬毛で色が異なり、特に冬毛は頭部が白色、体は黄色で、雪原に生えて美しいです。

哺乳類

両生類

爬虫類

鳥類

昆虫

植物（草本）

植物（木本）

菌類

ホンドイタチ（イタチ科）　体長：♂約35㎝（♀はオスの半分ほど）
　　　　　　　　　　　分布：本州、四国、九州など
肉食中心ですが、植物の果実も食べるようです。小さ
くて敏捷に動き回るため、目にすることは少ないです
が、特徴的な糞でその存在が分かります。

ニホンアナグマ（イタチ科）　　　体長：52〜68㎝
　　　　　　　　　　　分布：本州、四国、九州など
名にクマとありますがイタチの仲間。名にアナと付く
のは、鋭い爪で穴を掘ってそこで生活するため、付い
たのでしょう。雑食性の動物です。

ハクビシン（ジャコウネコ科）　　体長：51〜76㎝
　　　分布：北海道、本州、四国、九州に局地的に分布
雑食、夜行性。木登りが得意で、電線の上などもバラ
ンスをとって器用に歩くようです。那須平成の森では、
少ないですが観察例があります。

ニホンノウサギ（ウサギ科）　　体長：43〜54㎝
　　　　　　　　　　　分布：本州、四国、九州など
夜行性で草食性です。那須平成の森では、冬毛が白い
個体と褐色系の個体の両方がいます。気温の低さや雪
など環境が影響すると言われています。

ニホンヤマネ（ヤマネ科）　　　　体長：約8㎝
　　　　　　　　　　　分布：本州、四国、九州など
国の天然記念物。夜行性で雑食です。体の特長として、
背中に黒い線があります。冬は体温を０度くらいに
下げて冬眠します。

ムササビ（リス科）　　　　　　　体長：27〜49㎝
　　　　　　　　　　　分布：本州、四国、九州
夜行性で草食性。体の特長は飛膜があることで、滑空
して移動します。滑空の姿は、座布団を広げたように
見えます。樹木の洞を棲家とします。

ヒメネズミ（ネズミ科）　　　　　体長：6.5～10cm
分布：北海道、本州、四国、九州など
日本固有種。体長より尾の方が長い、地上より樹上での生活の多い、といった特長が近似種のアカネズミとの違いです。小型のノネズミの一種です。

アズママグラ（モグラ科）　　　　体長：12～15cm
分布：本州中部以北。紀伊・中国・四国の山地などに孤立小個体群
ミミズ、昆虫の幼虫、カエル、カタツムリなどを食べます。西日本に多いコウベモグラとの生息域争いをしていると言われます。

タゴガエル（アカガエル科）　　　　体長：30～50mm
分布：本州、四国、九州（五島列島を含む）
伏流水の中で産卵します。カエルの姿を見ることも少なく生態も分からないことが多いです。5～6月頃、グエ、グエ、グエ、と岩陰で鳴きます。

ヤマアカガエル（アカガエル科）　体長：35～78cm（♀が大きい）
分布：本州（佐渡島を含む）、四国、九州
那須平成の森では一般的なカエルです。ニホンアカガエルとよく似ていますが、当種の腹部の模様が他のアカガエルに比べて鮮明であることが多いようです。

アズマヒキガエル（ヒキガエル科）　体長：70～130mm
分布：本州（近畿以東、中国地方や紀伊半島の一部）など
那須平成の森では一般的なカエル。那須平成の森で作ったビオトープの池には多くのヒキガエルが集まり、産卵します。卵塊はチューブ状の形態をしています。

カジカガエル（アオガエル科）体長：♂40mm　♀85mm
分布：本州、四国、九州など
那須平成の森では、少ないですが渓流沿いに生息しています。フィ、フィ、フィ、フィ、フィ…と連続して鳴きます。物悲しい鳴き声ですが、昔から詩歌などに詠まれます。

モリアオガエル（アオガエル科）　体長：40～80㎜
本州（日本海側の森林から内陸部に多い。佐渡島を含む）
樹上で産卵（泡巣）することで有名です。那須平成の
森で作ったビオトープの池に産卵することがあります。シュレーゲルアオガエルに非常に似ています。

シュレーゲルアオガエル（アオガエル科）　体長：30～55㎜
分布：本州（隠岐を含む）、四国、九州（五島列島を含む）
近似種モリアオガエルには体に斑紋があるものが多
く、それが当種との違いですが、見分けがつかない個
体もいます。当種は樹上に産卵することはありません。

アカハライモリ（イモリ科）　体長：70～140㎜
　　　分布：本州、四国、九州（屋久島が南限）
名の通り、お腹の色が赤いイモリ。世界のイモリ属の
中で最も北にすむ種類とされています。近年、環境悪
化のため、減少傾向です。

ハコネサンショウウオ（サンショウウオ科）　体長：130～190㎜
　　　　　　　　　　　　　　　分布：本州、四国
那須平成の森では、限られた沢にしか生息していませ
ん。幼生は水中に生息するので発見できることもあり
ますが、大人になると陸に上がってしまいます。

ヤマカガシ（ナミヘビ科）　　　体長：70～150㎝
　　　分布：本州、四国、九州と周辺の島
褐色の体色に朱色の斑紋が目立ちます。それほど攻撃
的ではありませんが、奥歯に咬まれると毒液が注入さ
れて危険です。

アオダイショウ（ナミヘビ科）体長：110～220㎝
　　　分布：北海道、本州、四国、九州と周辺の島
アオダイショウは、日本で最も馴染み深いヘビの一種
かもしれません。木登りが得意なヘビです。

両生類

爬虫類

シマヘビ（ナミヘビ科）　　体長：90〜200㎝
　　分布：北海道、本州、四国、九州と周辺の島
アオダイショウ同様に、日本で最も馴染み深いヘビの一種です。4本の縦縞模様があるのが特長です。

ジムグリ（ナミヘビ科）　　体長：70〜100㎝
　　分布：本州、四国、九州など
名は「地もぐり」からきています。地中の穴にもぐり、ネズミなどをエサとします。子どもは、レンガ色っぽい体色をしています。

ニホンカナヘビ（カナヘビ科）　体長：15〜27㎝
　　分布：北海道から九州（屋久島まで）
トカゲの仲間。敵に襲われると尻尾を切って逃げます。日当たりの良い場所が好きで、舗装道路などで良くみかけますが、近づくと素早く逃げます。

ヤマドリ（キジ科）　　　全長：♂125㎝、♀55㎝
　　　　　　　　　　　　　渡り区分：留鳥
全体に茶褐色で、雄の頭から背にかけては赤褐色。地上にいることが多く保護色なので、姿を見る機会は少ないです。積雪期は足跡からその存在を確認できます。

アマツバメ（アマツバメ科）　　　全長：20㎝
　　　　　　　　　　　　　　　　渡り区分：夏鳥
那須岳の岩壁などを棲家とし、那須平成の森では上空を滑空する姿を目にすることができます。その空気を切るような飛ぶ姿は、まるで「鎌」のようです。

ホトトギス（カッコウ科）　　　　全長：28㎝
　　　　　　　　　　　　　　　　渡り区分：夏鳥
森の上空を鳴きながら飛ぶ姿を、よく目にすることができます。「キョッ、キョッ、キョッ、キョッ、キョッ」と鳴く声が、「ホ、ト、ト、ギ、ス」と聞こえる？

哺乳類
両生類
爬虫類
鳥類
昆虫
植物（草本）
植物（木本）
菌類

ツツドリ（カッコウ科）　　　　全長：33㎝
　　　　　　　　　　　　　　　　渡り区分：夏鳥

繁殖期は「ポポッ、ポポッ、ポポッ、…」と鳴き続ける特長的な声です。森の中で活動することが多く中々姿は見られませんが、声を聞くことで存在に気づきます。

カッコウ（カッコウ科）　　　　全長：35㎝
　　　　　　　　　　　　　　　　渡り区分：夏鳥

カッコウの仲間は、他種の鳥の巣に卵を産み、その種の親に子育てをさせます（托卵）。カッコウは那須平成の森では少なく、もっと標高の低い所に生息するようです。

アオバト（ハト科）　　　　　　全長33㎝
　　　　　　　　　　　　　　　　渡り区分：夏鳥

名のアオとは緑と同義で、体色は全体的に緑灰色をしているハトの仲間です。「オーアオー、アオー、アオー」と哀愁を感じさせる声で鳴き、森中に響かせます。

ハチクマ（タカ科）　　　　　　全長：55㎝
　　　　　　　　　　　　　　　　渡り区分：夏鳥

那須平成の森では、特に秋の渡りの時に多く見られる猛禽類です。名にあるように、蜂を好んで食べることから、その名が付きました。

ノスリ（タカ科）　　　　　　　全長：55㎝
　　　　　　　　　　　　　　　　渡り区分：留鳥

那須平成の森では通年見られる猛禽類。飛ぶ姿を地上から見ると、白っぽく見えます。獲物を捕る時、「野を擦る」ように飛ぶことからその名があると言われます。

フクロウ（フクロウ科）　　　　全長：50㎝
　　　　　　　　　　　　　　　　渡り区分：留鳥

猛禽の仲間で生態系ピラミッドの頂点に立つ野鳥。主に夕暮れから活動しますが日中にも活動しますので、羽音もなく飛ぶ姿を時々見かけます。

コゲラ（キツツキ科）　　　全長：15cm
　　　　　　　　　　　　　　渡り分布：留鳥

日本で最も小さいキツツキです。科は違いますが、よくカラ類の混群に混ざって活動します。他のキツツキに比べてかなり小さく、茶系の地味な色をしています。

アカゲラ（キツツキ科）　　　全長：24cm
　　　　　　　　　　　　　　渡り区分：留鳥

英名に「great spotted」とあるように、翼に大きな白斑があるのが特長です。オオアカゲラにも白線はありますが、大きな白斑は無いので、識別点になります。

オオアカゲラ（キツツキ科）　全長：28cm
　　　　　　　　　　　　　　渡り区分：留鳥

那須平成の森の中では数が最も少ないキツツキです。よく似たアカゲラとの違いは、オオアカゲラのお腹には「黒い縦斑」があることです。

アオゲラ（キツツキ科）　　　全長：29cm
　　　　　　　　　　　　　　渡り区分：留鳥

那須平成の森のキツツキの中で最も大きい種です。アオゲラのアオは「緑」のことで、体色は灰緑色です。「ピョー、ピョー、ピョー」と特長的な声で鳴きます。

サンショウクイ（サンショウクイ科）全長：20cm
　　　　　　　　　　　　　　渡り区分：夏鳥

体色は白、グレー、黒の3色。飛びながら「ヒリリ、ヒリリ…」と鳴きます。私たちが山椒の実を食べてヒリヒリと感じるところから、連想して名が付きました。

サンコウチョウ（カササギヒタキ科）全長：♂45cm、♀18cm
　　　　　　　　　　　　　　渡り区分：夏鳥

囀りは「ツキ・ヒ・ホシ、ホイ、ホイ、ホイ」と聞こえます。この声を漢字で「月・日・星」と当てました。「3つの光る鳥」でサンコウチョウとなります。

カケス（カラス科）　　全長：33cm
渡り分布：留鳥

全体に地味な体色ですが、ごま塩の頭、翼の一部が鮮やかなブルーをしているのが際立ちます。森の中で、その青い羽根を見つけると、得をした気分になります。

キレンジャク（レンジャク科）　　全長：20cm
渡り区分：旅鳥

ヒレンジャクに同様。名の冒頭の「キ」＝「黄」で、尾の先端が黄色です。ユーラシア大陸全般に分布しています。ヒレンジャクと同様にヤドリギの実が好物。

ヒレンジャク（レンジャク科）　　全長：18cm
渡り区分：旅鳥

一般には冬鳥ですが、那須では通過時に目撃されます。名の冒頭の「ヒ」＝「緋」のことで、尾の先端が緋色をしています。日本を含む極東地域のみに生息します。

ヒガラ（シジュウカラ科）　　全長：11cm
渡り区分：留鳥

カラ類の仲間。日本の野鳥の中で最小クラスの小さい鳥です。繁殖シーズンに他のカラ類に負けず囀る姿は、たくましさを感じさせてくれます。

ヤマガラ（シジュウカラ科）　　全長：14cm
渡り区分：留鳥

カラ類の仲間。お腹と背中がオレンジ色がかった茶色をしていて、他のカラ類との大きな違いです。人に慣れる鳥としても知られています。

コガラ（シジュウカラ科）　　全長：13cm
渡り区分：留鳥

カラ類の仲間。黒、白、灰色の地味な配色をしています。しかし、頭の黒色がベレー帽をかぶったようでかわいらしい野鳥です。

鳥類

シジュウカラ（シジュウカラ科）　全長：15㎝
　　　　　　　　　　　　　　　　渡り区分：留鳥
カラ類の仲間。お腹に縦に黒い筋があるのが特長です。
ツーピー、ツーピーと鳴き比較的見つけやすい種類。
他のカラ類と群を作って移動する時期もあります。

ウグイス（ウグイス科）　全長：14㌢〜16㎝
　　渡り区分：漂鳥（那須平成の森には、冬はいない）
体は地味な灰色がかった黄緑色をして、一般的な鶯色
のような明るさはありません。「谷渡り」とか「笹鳴き」
のように鳴き声に特別な言い方がある野鳥です。

ヤブサメ（ウグイス科）　全長：11㎝
　　　　　　　　　　　　　渡り区分：夏鳥
日本で最少の鳥の一種。ウグイスの仲間では、極端に
尾の長さが短いのが特長。オスは繁殖期「シシシシシ
〜」と尻上がりに囀ります。鳥の声とは気づきません。

エナガ（エナガ科）　全長：14㎝
　　　　　　　　　　　渡り区分：留鳥
科は違いますが、よくカラ類の混群に混ざって活動し
ます。柄のように尾が長いのでエナガ。北海道にいる
シマエナガは頭が白く、よく写真集にも登場します。

センダイムシクイ（ウグイス科）　全長：13㎝
　　　　　　　　　　　　　　　渡り区分：夏鳥
体色はオリーブ褐色。頭部には他のムシクイ類にはな
い白っぽい頭央線があります。囀りは「ショウチュウ
イッパイグイ〜（焼酎一杯ぐい〜）」と聞こえます。

エゾムシクイ（ウグイス科）　全長：12㎝
　　　　　　　　　　　　　　渡り区分：夏鳥
体色は暗褐色で緑味は少なく、お腹は暗白色。那須平
成の森では針葉樹の多い渓流沿いを好むようです。囀
りは「ヒーツーキー、ヒーツーキー…」と鳴きます。

哺乳類　両生類　爬虫類　鳥類　昆虫　植物（草本）　植物（木本）　菌類

メボソムシクイ（ウグイス科）　全長：13㎝
渡り区分：夏鳥

緑灰褐色の地味な体色の鳥。囀りは「ゼニトリ、ゼニトリ…」と聞こえます。那須平成の森にも渡ってきますが、より標高を上げた場所に多く生息しています。

ミソサザイ（ミソサザイ科）　全長：11㎝
渡り区分：留鳥

日本最小の鳥のひとつ。体色は濃い茶褐色で渓流に生息します。春、真っ先に囀り、春の到来を感じさせてくれます。体の小ささに比べ、声の大きさに驚きます。

ゴジュウカラ（ゴジュウカラ科）　全長：14㎝
渡り区分：留鳥

科は違いますが、よくカラ類の混群に混ざって活動します。頭を下に向け、逆さになって木の上を素早く移動できます。頭から背は暗青灰色をしています。

キバシリ（キバシリ科）　全長：14㎝
渡り分布：留鳥

漢字で「木走」と書くように、木を巧みに上ることができます。キツツキと同じように、体を支えるために尾の軸が硬く丈夫にできています。

クロツグミ（ツグミ科）　全長：22㎝
渡り区分：夏鳥

名の通り、お腹以外は黒色で、嘴・目の回り・足は黄橙色をしています。お腹は白地に黒の斑点があります。那須平成の森には多くいて、囀りも美しい鳥です。

アカハラ（ツグミ科）　全長：24㎝
渡り区分：夏鳥

胸から腹にかけてオレンジ色をしたツグミの仲間です。高原を代表する野鳥の一種で、主に早朝と夕方に、キョロン、キョロン、ツイーと囀ります。

鳥類

シロハラ（ツグミ科）　全長：25㎝
渡り分布：冬鳥

頭から上面、尾は茶褐色から黒褐色で、お腹は白っぽい体色で、全体に地味です。両外側の尾羽の先端が白いのが特長です。「ツィー」と一声鳴きます。

オオルリ（ヒタキ科）　全長：16㎝
渡り区分：夏鳥

ウグイス、コマドリと並ぶ「三鳴鳥」の野鳥です。オスの体の色は頭から背にかけて青色で、森の緑の中でとても映えます。渓谷沿いに生息します。

キビタキ（ヒタキ科）　全長：14㎝
渡り区分：夏鳥

オスの眉斑、喉から胸にかけて、腰の部分が黄色く、森の中でよく目立ちます。オオルリと違い渓谷には少ないので、生息場所からも生態の違いが分かります。

カヤクグリ（イワヒバリ科）　全長：14㎝
渡り分布：漂鳥

日本特産種。全体に茶系の地味な体色をしています。那須平成の森には、冬季、那須岳の頂上付近から降りてきたものを稀にみることがあります。

キセキレイ（セキレイ科）　全長：20㎝
渡り分布：留鳥

お腹から腰にかけ黄色いセキレイの仲間。渓流で多く見かけ、水生昆虫などをエサとします。尾を上下に振るのが特長で、飛ぶ時「チチン、チチン」と鳴きます。

アトリ（アトリ科）　全長：16㎝
渡り区分：冬鳥

オレンジ色が混じった体色が特長。3月下旬、北に渡る頃、オスの頭は羽毛の先端が擦れて黒色が現れ、渡る頃は頭が真っ黒になっている夏羽の個体が見られます。

哺乳類
両生類
爬虫類
鳥類
昆虫
植物（草本）
植物（木本）
菌類

シメ（アトリ科）　　　　　　全長：19cm
　　　　　　　　　　　　　　　渡り区分：冬鳥

肉色をした大きな嘴が特長です。喉は黒く、"よだれ
かけ"をしているようです。シメは万葉集にも登場し
ていて、当時は「比米」と呼ばれていたようです。

イカル（アトリ科）　　　　　　全長：23cm
　　　　　　　　　　　　　　　渡り分布：漂鳥

大きな黄色い嘴が特長です。鳴き声は「お菊二十四」
と聞こえます。日本では、このように鳥の鳴き声を日
本語になぞらえて言うことを、"聞きなし"と言います。

ウソ（アトリ科）　　　　　　全長16cm
　　　　　　　　　　　　　　　渡り分布：漂鳥

那須平成の森ではあまり多くはいませんが、主に冬に
見かけます。オスの頬と喉は紅色で頭部は黒色です。
「フィ、フィ、フィ」と口笛を吹くように囀ります。

ベニマシコ（アトリ科）　　　　全長：17cm
　　　　　　　　　　　　　　　渡り分布：冬鳥

那須平成の森では、冬に少数を見ることができます。
オスの体色は淡い紅色で、翼の2本の白帯が目立ちま
す。尾は長目。林縁部に生える草本の種子を食べます。

イスカ（アトリ科）　　　　　　全長：17cm
　　　　　　　　　　　　　　　渡り分布：冬鳥

那須には数年に一度やってきます。英語で crossbill と
言い、上嘴と下嘴が交差していて、植物の種子を食べ
やすいような形態になっています。オスの体色は深紅。

マヒワ（アトリ科）　　　　　　全長：12cm
　　　　　　　　　　　　　　　渡り分布：冬鳥

胸から背にかけて黄色、お腹は白っぽい鳥です。集団
で活動することが多いので、その場に遭遇すればラッ
キーです。日本のアトリ科の仲間では最小の一種です。

鳥類

ホオジロ（ホオジロ科）　　全長：17㎝
　　　　　　　　　　　　　　渡り区分：留鳥

那須平成の森の留鳥の中で、唯一見られるホオジロ科の鳥です。森の中ではなく林縁部で生活し、草本類の種子や昆虫をエサとします。樹木の頂きで囀ります。

クロジ（ホオジロ科）　　全長：17㎝
　　　　　　　　　　　　渡り分布：漂鳥

体色が全体に黒灰色の上に、暗い森の中を好むので中々見つかりません。那須平成の森で観察された時は、産座にリゾモルファ（根状菌糸束）を利用していました。

オナガアゲハ（アゲハチョウ科）
　　　　　　　　成虫が見られる時期；5～9月

大型。サンショウなどが食草。渓流沿いや樹林の林縁などで見られます。ツツジ類やアザミ類、クサギなどの花々を訪れます。

キアゲハ（アゲハチョウ科）
　　　　　　　　成虫が見られる時期：5～9月

大型。シシウドなどが食草。樹林の林縁で見られます。やや早めに飛び、ツツジ類、アザミ類などの花を訪れます。

ミヤマカラスアゲハ（アゲハチョウ科）
　　　　　　成虫が見られる時期：4～8月

大型。緩やかに飛翔し、ツツジ類、アザミ類、クサギなどの花に訪れます。チョウ道を作ることでも知られます。

スジボソヤマキチョウ（シロチョウヌ科）
　　　　　　成虫が見られる時期：6～7月に羽化

樹林の林縁部でよく見られます。緩やかな感じで飛翔し、アザミ類などの花に訪れます。

スジグロシロチョウ（シロチョウ科）
　　　　　　　　　　成虫が見られる時期：4 ～ 10 月
樹林の林縁部を緩やかに飛翔します。アザミ類やヨツ
バヒヨドリなどの花を訪れます。

ゴイシシジミ（シジミチョウ科）
　　　　　　　　　　成虫が見られる時期：5 ～ 10 月
小型。純肉食性で、アブラムシの分泌物やアブラムシ
を食べます。ササやタケの林など少し暗い場所を好み、
午後から夕方活発です。

ミズイロオナガシジミ（シジミチョウ科）
　　　　　　　　　　成虫が見られる時期：6 ～ 9 月
小型。食草はミズナラやコナラ。早朝と夕方に活動。
それ以外の時間は下草や低木に止まって休んでいるこ
とが多いようです。

ジョウザンミドリシジミ（シジミチョウ科）
　　　　　　　　　　成虫が見られる時期：6 ～ 9 月
小型。食草はミズナラやコナラ。活動のピークは 8
～ 9 時頃で敏捷に飛翔します。

トラフシジミ（シジミチョウ科）
成虫が見られる時期：4 ～ 5 月（春型）、6 ～ 8 月（夏型）
小型。樹林の林縁部、渓谷、草原などで見られます。
クリやヒメジョオンなど、いろいろな花に訪れます。

コツバメ（シジミチョウ科）
　　　　　　　　　　成虫が見られる時期：3 ～ 5 月
小型。渓谷沿い、樹林の林縁、林内の日だまりなど、
明るい所で見られます。

ベニシジミ（シジミチョウ科）
　　　　　　　　成虫が見られる時期：5〜9月
小型。草原などの開けた場所で見られます。低空を活発に飛び、草の上や地上にもよく止まります。

ウラナミシジミ（シジミチョウ科）
　　　　　　　　成虫が見られる時期：4〜10月
小型。マメ科の植物が生える場所で見られます。日中、活発に飛翔し、マメ科の植物の花などに訪れます。

テングチョウ（タテハチョウ科）
　成虫が見られる時期：5〜6月に発生（成虫で越冬）
下唇髭（下唇に付属する短い突起）が天狗のように突き出ているのが特長です。樹林の林縁部で見られ、日中、敏捷に飛び、いろんな花を訪れます。

アサギマダラ（タテハチョウ科）
　　　　　　　　成虫が見られる時期：5〜9月
大型で、渡りをすることで有名。ふわふわと飛ぶ様は、とても優雅に見えます。ヨツバヒヨドリ（草本）を好みます。

クモガタヒョウモン（タテハチョウ科）
　　　　　　　成虫が見られる時期：5〜6月に羽化
林縁部や草原で見られます。日中、敏捷に飛び、アザミ類やオカトラノオや他の花々を訪れます。

ミドリヒョウモン（タテハチョウ科）
　　　　　　　成虫が見られる時期：5〜6月に羽化
食草はスミレ類。樹林の林縁や林道などを敏捷に飛びます。アザミ類やヨツバヒヨドリなどの花を訪れます。

ウラギンヒョウモン（タテハチョウ科）
　　　　　　　　成虫が見られる時期；6月から羽化
食草はスミレ類。アザミ類、ヨツバヒヨドリ、オカト
ラノオなどの花を訪れます。

イチモンジチョウ（タテハチョウ科）
　　　　　　　　成虫が見られる時期：5〜9月
ニシキウツギなどが食草。樹林の林縁部や渓流沿いで
見られ、滑空するように飛びます。リョウブ、ガマズ
ミなどの花を訪れます。

アサマイチモンジ（タテハチョウ科）
　　　　　　　　成虫が見られる時期：5〜9月
樹林の林縁部など明るい環境で見られます。イチモン
ジチョウに似ますが、翅の白斑の位置などで区別する
ことができます。

サカハチチョウ（タテハチョウ科）
　　　　　　　　成虫が見られる時期；7〜8月
小型。樹林の林縁部の草地環境で見られます。シシウ
ドやオカトラノオなどの花に訪れます。

キタテハ（タテハチョウ科）
　　　　　　　　成虫が見られる時期：6〜10月
林縁など明るい場所で見られます。日中、緩やかに飛
び、オカトラノオなどの花を訪れます。

シータテハ（タテハチョウ科）
成虫が見られる時期：7月（夏型）羽化、9月（秋型）羽化
樹林の林縁部で見られます。滑空しながら飛び、アザ
ミ類やヨツバヒヨドリなどの花を訪れます。

昆虫

ヒオドシチョウ（タテハチョウ科）
成虫が見られる時期：5～6月頃羽化
越冬後の春先は、サクラ類の花を訪れます。オスは目立つ場所で占有行動をとります。翅の外縁には青色の縁取りがあります。

ルリタテハ（タテハチョウ科）
成虫が見られる時期：6～10月
食草はホトトギスやヤマユリなど。林縁の明るい場所で見られ、敏速に飛翔します。翅表の外側に青色の帯があり、名の由来になっています。

アカタテハ（タテハチョウ科）
成虫が見られる時期：5～11月
林縁の明るい場所を好みます。リョウブ、アザミ類の花を訪れます。

ヒカゲチョウ（タテハチョウ科）
成虫が見られる時期：5～6月、8～9月
食草はミヤコザサなど。コナラなどの樹液に集まります。夕方、活発に飛翔します。

ヤマキマダラヒカゲ（タテハチョウ科）
成虫が見られる時期：5～9月
食草はチシマザサ。リョウブやヨツバヒヨドリを好み、吸蜜します。

ヒメウラナミジャノメ（タテハチョウ科）
成虫が見られる時期：4～9月
小型。ススキなどが食草。樹林の林縁の草地などで見られます。草地場を転々と跳ねるように飛び、葉の上によく止まります。

哺乳類
両生類
爬虫類
鳥類
昆虫
植物（草本）
植物（木本）
菌類

106

ダイミョウセセリ（セセリチョウ科）
　　　　　　　　　　成虫が見られる時期：5～9月
小型。樹林の林縁部の明るい場所で見られます。アザ
ミ類などの花に訪れます。

ミヤマセセリ（セセリチョウ科）
　　　　　　　　　　成虫が見られる時期：3～5月
小型。林床を飛び、スミレなどの花に来る。地面に翅
を開いて止まります。

ヒメキマダラセセリ（セセリチョウ科）
　　　　　　　　　　成虫が見られる時期：7～8月
小型。オスは前翅中央に黒く太いすじがあります。日
中、樹林の林縁部などを飛び、ウツボグサ、アザミ類
などの花を訪れます。

ヤママユ（ヤママユガ科）
　　　　　　　　　　成虫が見られる時期；8～9月
大型。卵で越冬し、幼虫はコナラなどの葉を食草とし
ます。繭から「天蚕糸」と呼ばれる絹糸が取れます。

ヒメヤママユ（ヤママユガ科）
　　　　　　　　　　成虫が見られる時期：10月頃
大型。食草はブナ、カエデ類など。繭をつくり、その
中で蛹になります。翅に大きな目玉模様が4つある
のが特長です。

ウスタビガ（ヤママユガ科）
　　　　　　　　　　成虫が見られる時期：10月頃
大型。食草はコナラなど。他のヤママユガの仲間と違
い、上から釣り下がるような黄緑色の繭を作ります。
翅に大きな目玉模様が4つあるのが特長です。

クロウスタビガ（ヤママユガ科）
成虫が見られる時期：9〜10月
大型。幼虫はキハダを食草とします。

オオミズアオ（ヤママユガ科）
成虫が見られる時期：7〜8月
大型。食草はサクラ、クリ、ハンノキなど。他のヤママユガの仲間と違い、淡い青緑色の体色をしています。

イボタガ（イボタガ科）
成虫が見られる時期：4〜5月
大型。さなぎで越冬します。他の種にはない独特の模様と、目玉模様が特長です。

フジキオビ（アゲハモドキガ科）
成虫が見られる時期：6月頃
栃木県北部山地が北限とされるガの仲間。食草はナツツバキです。アゲハチョウのようにヒラヒラと飛びます。

ハイイロセダカモクメ（ヤガ科）
成虫が見られる時期：7〜8月
ヨモギなどキク科を食草とします。幼虫はヨモギの花そっくりに擬態しています。

ムクゲコノハ（ヤガ科）
成虫が見られる時期：5〜9月
ガの仲間です。前翅は細長く地味な色ですが、後翅はオレンジ地の翅に黒と水色の紋があります。体はがっしりしています。

ニホンカワトンボ（カワトンボ科）
　　　　　　成虫が見れる時期：5〜8月
渓流沿いに発生。オスの翅は透明型と橙色型があります。メスの翅は透明です。

オニヤンマ（オニヤンマ科）
　　　　　　成虫が見られる時期：6〜9月
遊歩道などで、直線的に向かって飛んでくるので驚かされます。また、室内に入ろうとして、網戸の外でホバリングしながらこちらを見ている風景にも良く遭遇します。

クロサナエ（サナエトンボ科）
　　　　　　成虫が見れる時期：6〜8月
サナエトンボの仲間はオニヤンマに似て黒い体に黄色い紋がありますが、オニヤンマに比べてかなり小型です。幼虫は森の中の渓流に棲むため、成虫もその周辺で見られます。

モイワサナエ（サナエトンボ科）
　　　　　　成虫が見れる時期：5〜8月
小型のサナエトンボの仲間。縄張りの形成は静止型で、植物や枯れ枝、石の上などに止まって行います。

アキアカネ（トンボ科）
　　　　　　成虫が見れる時期：8〜9月
標高の低い所で発生し、羽化後、夏、那須平成の森のような山地に移動し、秋に標高の低い所に戻り、交尾、産卵をするという生活史です。

ノシメトンボ（トンボ科）
　　　　　　成虫が見られる時期：8〜9月
赤とんぼの仲間です。翅の先が、褐色をしているのが特長です。

ミヤマハンミョウ（ハンミョウ科）
　　　　　　　成虫が見られる時期：5〜8月
地面の露出した場所にいます。成虫は大あごが発達し、昆虫を捕まえます。幼虫は地面に穴を掘り棲み、近くを通る昆虫を捕食します。

アオオサムシ（オサムシ科）
　　　　　　　成虫が見られる時期：5〜10月
甲虫です。前翅はありますが、後翅は退化して無く、飛べません。従って、地上を動き回り、ミミズや昆虫を食べています。

ミヤマクワガタ（クワガタムシ科）
　　　　　　　成虫が見られる時期：8〜9月
オスは「大あご」を持ちます。子ども達の大好きな昆虫です。発見されるのはオスよりメスの方が多い印象です。

オニクワガタ（クワガタムシ科）
　　　　　　　成虫が見られる時期：7〜9月
オニとは言いますが、小型のクワガタ。幼虫は、ブナやミズナラの朽木を食べます。

コルリクワガタ（クワガタムシ科）
　　　　　　　成虫が見られる時期：6〜7月
小さなクワガタです。幼虫は、水分の多い枯木に棲みます。成虫は、春、ブナなどの新芽に訪れます。

ヨツボシヒラタシデムシ（シデムシ科）
　　　　　　　成虫が見られる時期：5〜9月
樹上に棲み、ガの幼虫などを食べます。体の色は茶色味を帯びた黄土色で、名にあるように、背中に4つの黒い斑点があります。

ヨツスジハナカミキリ（カミキリムシ科）
　　　　　　成虫が見られる時期：6～8月
名前の通り、4本の黒い筋が背にあるのが特長です。

コブヤハズカミキリ（カミキリムシ科）
　　　　　　成虫が見られる時期：8～10月に羽化
非常に長い触覚を持っています。成虫で越冬して、翌年の夏まで生きます。

ハンノキカミキリ（カミキリムシ科）
　　　　　　成虫が見られる時期：5～7月
ハンノキなどの葉や枝をかじります。

トホシハムシ（ハムシ科）
　　　　　　成虫が見られる時期：5～8月
幼虫はクマシデなどを食草とします。体は、黄土色の地色に黒い紋がいくつかあります。

コナラシギゾウムシ（ゾウムシ科）
　　　　　　成虫が見られる時期：5～10月
口吻が長く、野鳥のシギ類の嘴に似る所から。コナラやミズナラのドングリに卵を産み、幼虫はその実を食べた後、穴を開けて外に出ます。

オオゾウムシ（オサゾウムシ科）
　　　　　　成虫が見られる時期：6～9月
甲虫です。長い口吻が特長です。

オオホシオナガバチ（ヒメバチ科）
　　　　　　　　　　成虫が見られる時期：6～9月
長い産卵管を持つのが特長。腹に大き目の黄色い紋がいくつかあります。翅には褐色の紋があります。他のハチの幼虫に寄生します。

キイロスズメバチ（スズメバチ科）
　　　　　　　　　成虫が見られる時期：5～10月
夏から秋にかけて、軒下や樹木に球形の大きな巣を作ります。黒い色や香水の匂いに寄ってくるので、注意しましょう。

ビロードツリアブ（ツリアブ科）
　　　　　　　　　　成虫が見られる時期：4～5月
樹林の林縁の日当たりの良い場所に見られます。

エゾゼミ（セミ科）
　　　　　　　成虫が見られる時期：7月下旬～8月
夏に暑苦しさを感じるように、ギーギーと鳴きます。

コエゾゼミ（セミ科）
　　　　　　　成虫が見られる時期：7月下旬～8月
エゾゼミに似ます。鳴き声の違いは慣れないと分かりません。大きさはコエゾゼミが35mm前後で、エゾゼミより小さいです。

エゾハルゼミ（セミ科）
　　　　　　　　成虫が見られる時期：5～7月
ミョーキン、ミョーキン、ケケケケケ…、と鳴きます。日が照って気温が上がると、森中で大合唱をします。

ヒグラシ（セミ科）
　　　　　　成虫が見られる時期：8～9月
2011年、那須平成の森が開園した当時はいませんでしたが、近年確認されるようになりました。早朝、夕方に、カナカナカナ…と鳴きます。

トホシカメムシ（カメムシ科）
　　　　　　成虫が見られる時期：6～9月
カエデやサクラの仲間に寄生します。

エサキモンキツノカメムシ（ツノカメムシ科）
　　　　　　成虫が見られる時期：4～10月
背中に大きな紋があるのが特長です。メスは、卵や幼虫を体で覆って守ります。ミズキなどに寄生します。

ヒメカマキリモドキ（カマキリモドキ科）
　　　　　　成虫が見られる時期：7～8月
ウスバカゲロウの仲間で、前翅と後翅はほぼ同じ形です。カマキリの鎌のような前足を持っていて、それを使って昆虫を捕まえます。

ムラサキトビケラ（トビケラ科）
　　　　　　成虫が見られる時期：6～9月
幼虫は、川の上流域のきれいな水に住みます。幼虫が水中にいるので、水生昆虫と呼ばれます。

トワダカワゲラ（トワダカワゲラヌ科）
　　　　　　成虫が見られる時期：8～10月
幼虫は低い水温に住む水生昆虫です。成虫になっても翅はありません。

フタリシズカ（センリョウ科）
開花時期：5〜6月
花を静御前の亡霊の姿にたとえてその名が付きました。茎の高さは 30cm 程度。花は縦に細長く 2 本から数本つき、白い花を咲かせます。

ショウジョウバカマ（シュロソウ科）
開花時期：4月
葉は年中枯れず、ロゼット状に残ります。春早い時期に咲くので、森の中で目立ちます。ショウジョウとは、猩々（猿）の赤い顔の色に似るところから。

ツクバネソウ（シュロソウ科）
開花時期：6〜7月
茎は高さ 15〜40cm。葉は 4 枚で輪生します。茎の頂に黄緑色の花を上向きに咲かせます。

エンレイソウ（シュロソウ科）
開花時期：5月
特長：大きな葉が 3 枚輪生します。褐色味の強い紫色の花が 1 個付きます。

コバイケイソウ（シュロソウ科）
開花時期：6〜7月
名の由来は、バイが梅の花に、ケイが蕙蘭の葉に似る、ところから。茎は 1m くらいで、茎の頂に、大きな円錐状の花序を付け、白い花を多数咲かせます。

アオヤギソウ（シュロソウ科）
開花時期：7〜8月
高さは 0.5〜1m。茎の頂に、円錐状の花序に直径 1cm ほどの花を沢山咲かせます。花は黄緑色。花の色が、褐色がかった紫色のシュロソウもあります。

カタクリ（ユリ科）

開花時期：4月

いわゆるスプリングエフェメラルの一種で「森の妖精」と呼ばれます。種子を落とすと葉も早々に枯れ、夏前には姿を消します。

コオニユリ（ユリ科）

開花時期：8～9月

日当たりの良い場所に生えます。近似種のオニユリには"むかご"が付きますが、本種にはありません。

タマガワホトトギス（ユリ科）

開花時期：7～8月

名は、鳥のホトトギスの胸の模様が花の模様に似る、ところから付けられたらしい。沢沿いや湿った場所に生えます。黄色い花が目立ちます。

ヤマジノホトトギス（ユリ科）

開花時期：8～9月

高さは 30 ～ 50㎝。林内などの日陰に生えます。花は茎の先端などに付き、紅紫色の斑点があります。

チゴユリ（イヌサフラン科）

開花時期：5～6月

チゴは稚児のことです。茎の高さは 5 ～ 10㎝。茎の頂に 1 ～ 2 輪の白い花を下向きに咲かせます。黒い実を付けます。

ササバギンラン（ラン科）

開花時期：5～6月

茎の高さは 20 ～ 30㎝。笹のような細長い葉を持ち、茎の中ほどから先端にかけて、長さ 1㎝ほどの半開きの花を数個咲かせます。

植物（草本）

ツチアケビ（ラン科）

開花時期：7〜8月

高さは 0.5〜1m。葉緑素がなく光合成をしない腐生植物です。実の形が、アケビに似たところから、その名が付いたようです。

オニノヤガラ（ラン科）

開花時期：7〜8月

花茎は 0.6〜1m。葉緑素がなく光合成をしない腐生植物です。根がナラタケの菌糸とつながり、栄養分を得ています。豊かな森に生えます。

ネジバナ（ラン科）

開花時期：7〜8月

名の通り、らせん状にねじれるように花序が付きます。右回り、左回りの両方があります。ピンク色の花を咲かせます。

コバギボウシ（キジカクシ科）

開花時期：7〜8月

ギボウシは、橋の欄干に付ける装飾のことで、蕾がその形に似る、からその名が付いた。薄紫色の花を数個、やや下向きに咲かせます。

マイヅルソウ（キジカクシ科）

開花時期：5〜6月

葉は卵心形、茎の高さは 10〜25cm です。茎の先端に白い花を総状に付けます。2 枚の葉が、鶴が舞う姿に似るところから名が付きました。

ユキザサ（キジカクシ科）

開花時期：5〜6月

名の由来は、花が雪のように白く、葉が笹の葉の形に似るところから。茎の高さは 20〜30cm、茎の先の方に白く小さな花を沢山咲かせます。

哺乳類
両生類
爬虫類
鳥類
昆虫
植物（草本）
植物（木本）
菌類

ナルコユリ（キジカクシ科）
開花時期：6 〜 7 月
茎は 50㎝近くになります。葉は細長く、長さは 8 〜 15㎝。花は長さが 2㎝くらい、緑白色の筒状で、何個も垂れ下がって付きます。

ヤマトリカブト（キンポウゲ科）
開花時期：8 〜 9 月
高さは 0.5 〜 1.5m。湿地に生えます。花は 3 〜 4㎝で青紫色をしています。毒草です。

レンゲショウマ（キンポウゲ科）
開花時期：8 月
高さは 0.5 〜 1m。林内の沢沿いなどに生えます。花は、淡く薄い紫色をしていて、下向きに釣り下がるように咲きます。

オオバショウマ（キンポウゲ科）
開花時期：8 〜 9 月
高さは 0.5 〜 1m。林内の日陰に生えます。葉は大きく、穂状の花穂を出して、小さくて白い花を沢山咲かせます。

セリバオウレン（キンポウゲ科）
開花時期：4 月
花は白っぽく、直径 1㎝ほどで小さいです。林床に咲くので見逃しやすいですが、早春の花として欠かすことはできません。

ムラサキケマン（ケシ科）
開花時期：5 〜 6 月
ケマンは漢字で「華鬘」で、寺院の欄干などに付ける飾りのことです。20㎝ほどの茎の上方に、紫系の細長い花を総状に沢山付けます。

ミズヒキ（タデ科）

開花時期：8〜9月

高さは50cmほど。葉の中ほどに「八の字」形の模様があります。種子はカギ状になっていて、動物に付着させて種子を散布させます。

チダケサシ（ユキノシタ科）

開花時期：7〜8月

高さは30〜50cm。名の由来はチチタケ（チタケ）というキノコを刺して運んだところから。薄いピンク色の花を円錐形に咲かせます。

トリアシショウマ（ユキノシタ科）

開花時期：7〜8月

高さは0.4〜1m。花序は円錐形で、小さく白い花を沢山咲かせます。

ネコノメソウ（ユキノシタ科）

開花時期：5月

山地の沢沿いや湿地など、湿ったところに生えます。葉は緑色、花は黄色く、群生します。

ダイモンジソウ（ユキノシタ科）

開花時期：8〜9月

高さは10〜30cm。名は漢字で"大文字草"で、花の形が漢字の"大"に似るところから。沢など湿ったところに生え、白い花を咲かせます。

ゲンノショウコ（フウロソウ科）

開花時期：8〜9月

高さは30〜40cm。下痢止めの薬として有名。日当たりの良い場所に生えます。花は5弁あり白色ですが、西日本では紅紫色をしています。

エイザンスミレ（スミレ科）

開花時期：5月

スミレには珍しく、葉が深く裂け、3裂に裂けるのが基本形です。花は香りが良いです。日本特産のスミレです。

スミレサイシン（スミレ科）

開花時期：5月

日本海側の多雪地域に生えますが、太平洋側の気候である那須平成の森でも見ることができます。

タチツボスミレ（スミレ科）

開花時期：5月

日本を代表するスミレで、全国に分布しています。

トモエソウ（オトギリソウ科）

開花時期：8月

高さは1mほど。日当たりの良い場所に生えます。5弁ある花びらは黄色く、真上から見ると、よじれて巴（ともえ）状に見えます。

ヤマブキショウマ（バラ科）

開花時期：7〜8月

高さは50〜70cm。林道沿いの法面などに生えます。円錐形の花序を出し、白から薄クリーム色の花を沢山咲かせます。

シモツケソウ（バラ科）

開花時期：7〜8月

高さは50〜80cm。日当たりの良い場所に生えます。茎の頂に、ピンクから白色の花を散房状に沢山咲かせます。

ミツバツチグリ（バラ科）
開花時期：5～6月
名の通り、三つ葉です。花は黄色で直径1.5～2cm。
日当たりの良い場所に生え、這うように広がります。

ワレモコウ（バラ科）
開花時期：8～9月
高さは0.5～1m。日当たりの良い場所に生えます。
花序は1～2cmの縦に長い楕円形で、濃い紅紫色。花
は上から下に向かって咲きます。

クサアジサイ（アジサイ科）
開花時期：7～8月
高さは20～50cm。薄紫色の両性花と、アジサイの
ような装飾花を付けます。湿った林内に生えます。

オカトラノオ（サクラソウ科）
開花時期：7～8月
トラノオは、その名の通り、花序を虎の尾の形に見立
てたもの。花序には沢山の白い花を咲かせます。秋に
は、葉が深紅に紅葉します。

ギンリョウソウモドキ（ツツジ科）
開花時期：8～9月
ギンリョウソウに似ますが、花が咲く時期が本種の方
が遅く時期がずれます。果実は、ギンリョウソウが液
果（多肉で水分多）、本種は蒴果です。

ギンリョウソウ（ツツジ科）
開花時期：6～7月
別名を「ユウレイタケ」。全体が白く、自ら光合成を
することができない植物です。地中で根が菌類の菌糸
とつながり、栄養を得ている腐生植物です。

哺乳類
両生類
爬虫類
鳥類
昆虫
植物（草本）
植物（木本）
菌類

120

ハルリンドウ（リンドウ科）
　　　　　　　　　　　　　　開花時期：5月
日が当たると開花します。花はフデリンドウより少し
大きめです。根生葉は他の葉より大きく、ロゼット状
になります。

フデリンドウ（リンドウ科）
　　　　　　　　　　　　　　開花時期：5月
山地の日当たりの良い場所に生えます。大きさは、6
～9cmと小さいです。根生葉はロゼット状にならない
点が、ハルリンドウとの違いです。

リンドウ（リンドウ科）
　　　　　　　　　　　　　　開花時期：9月
高さは 20 ～ 50cm。4 ～ 5cmで青紫色の花を茎の頂に
数個咲かせます。秋の花の代表です。

ツルリンドウ（リンドウ科）
　　　　　　　　　　　　　　開花時期：9月
つる性の植物で、長さ 40 ～ 50cmになります。花は
淡い紫色で、その後、赤い実を付けます。

センブリ（リンドウ科）
　　　　　　　　　　　　　　開花時期：9月
高さは 20 ～ 25cm。日当たりの良い場所に生えます。
花は直径 2cmほどで 5 弁の白い花びらがあります。健
胃薬として知られます。

アケボノソウ（リンドウ科）
　　　　　　　　　　　　　　開花時期：9月
高さは 40 ～ 50cm。湿った場所を好みます。花は直
径 2cmほどで白く、花びらは 5 弁あり、その先端に黒
紫色の斑点があります。

植物（草本）

ツクバキンモンソウ（シソ科）

開花時期：5〜6月

紫系の花をつけます。茎は上に伸びず、地上近くで見られます。

カキドオシ（シソ科）

開花時期：5〜6月

漢字で「垣通し」。つるが垣根を通って伸びるところから名が付きました。紫系の花をつけ、茎や葉を揉むと良い香りがします。

テンニンソウ（シソ科）

開花時期：8〜9月

高さは 1m 近くになります。林縁部などに生えます。茎の頂に縦に長く花序を出し、淡いクリーム色の花を沢山咲かせます。

シロネ（シソ科）

開花時期：8〜9月

高さは 1m 近くになります。湿地に生えます。名は、太く白い地下茎があるところから。花は白く、茎に沿って密に付きます。

ウツボグサ（シソ科）

開花時期：7〜8月

ウツボは、花穂を矢を入れる「うつぼ」に見立てたもの。高さ 10〜30cm で、花穂に紫色の花を多数咲かせます。

ミヤマタムラソウ（シソ科）

開花時期：7〜8月

高さは 20〜30cm。薄紫色で、唇形の花を穂状に付けます。

哺乳類
両生類
爬虫類
鳥類
昆虫
植物（草本）
植物（木本）
菌類

タツナミソウ（シソ科）

開花時期：6〜7月

茎は赤みを帯び、高さは 10〜30㎝です。花は茎の上部に一方向にかたよって咲きます。色は薄い紅紫系です。

キヨスミウツボ（ハマウツボ科）

開花時期：7〜8月

アジサイ類などの樹木の根に付く寄生植物です。葉緑素を持ちません。地面から直接小さな白い花を咲かせるので、見つけるのは難しいです。

クワガタソウ（オオバコ科）

開花時期：6〜7月

茎の高さは 10㎝ほど。花は 8〜13㎜の大きさで、薄紫色の花を 1〜5輪、咲かせます。

トチバニンジン（ウコギ科）

開花時期：6〜7月

トチバはトチノキの葉に形が似るところから。茎の高さは 30〜40㎝で、長い茎の頂に小さい白い花を咲かせます。秋に赤い実を付けます。

ツリガネニンジン（キキョウ科）

開花時期：8〜9月

高さは 1m 近くになります。林縁部など日当たりの良い場所に生えます。薄紫色の花を数個輪生して、釣鐘のように下向きに咲かせます。

ヤマハハコ（キク科）

開花時期：8〜9月

高さ 30〜40㎝。日当たりの良い場所に生えます。葉は細長く、茎の頂には散房状に白い花を沢山咲かせます。

シロヨメナ（キク科）

開花時期：8〜9月

高さは 0.3〜1m。日当たりの良い場所に生えます。花は直径 1.5〜2cm くらいで、白色をしています。

ノコンギク（キク科）

開花時期：8〜9月

高さは 0.5〜1m。日当たりの良い場所に生えます。花は直径 2.5cm くらいで、淡い青紫色をしています。

ヨツバヒヨドリ（キク科）

開花時期：8〜9月

高さは 1m 近くになります。名にあるように、葉は 4 枚（3 枚）が輪生しています。茎の頂きに、紫がかった白い花を散房状に咲かせます。

オタカラコウ（キク科）

開花時期：8〜9月

高さは 1m くらいになります。林内の湿地に生えます。葉は長さが 30cm ほど。花は黄色で大きく、直径 4cm ほどになります。

ヤブレガサ（キク科）

開花時期：7〜8月

ヤブレガサが若い時、すぼめた傘のような形に見えるところから名が付きました。茎の頂に、筒状に 10 個前後の白い花を咲かせます。

オヤマボクチ（キク科）

開花時期：9月

高さは 1m 前後。日当たりの良い場所に生えます。形がアザミに似た直径 4〜5cm の頭花を付けます。地方によっては"そば"のつなぎに使います。

ホオノキ（モクレン科）　　　　　開花時期：6〜7月
葉は20〜40cmと大きいです。「朴葉味噌」料理で有名。花は白く大きく、直径15cmほどもあります。実も10〜15cmになります。

ヤドリギ（ビャクダン科）
半寄生の常緑小低木。那須平成の森ではミズナラやブナに半寄生します。実は直径6〜8mmの球形。その中の種子のまわりに粘液層があり、それを食べたレンジャク類（野鳥）が種子を遠方に運んでくれます。

マンサク（マンサク科）　　　　　開花時期：3〜4月
「ま（ん）ず、咲く」というくらい、春の山の中で真っ先に咲きます。花は線状で黄色く、4枚の花弁があります。

ヤマブドウ（ブドウ科）
つる性の植物。花は7月頃、花序に多数付きますが小さくて目立ちません。果実は10月頃、直径8mmほどで黒紫色に熟し、甘酸っぱくておいしい。葉は10〜30cmと大きく、基部はハートの形になります。

ツルウメモドキ（ニシキギ科）
つる性の植物。花は6〜7月に小さな花を咲かせますが目立ちません。実は秋、黄色に熟した後3つに割れ、中から橙赤色の仮種皮に包まれた種が出てきて、黄色と橙赤色のコントラストが美しいです。

ツリバナ（ニシキギ科）　　　　　開花時期：6〜7月
下向きに垂れ下がった花序を出し、直径8mmほどの緑白色の小さい花を咲かせます。秋、直径1cmほどの実は深紅色に熟し、5裂します。

マユミ（ニシキギ科）

開花時期：6〜7月

花序に直径1cmほどで緑白色の花を数個咲かせます。秋、実はピンク色に熟し、4裂に割れると、中にある赤色の種子が顔を出します。

クロヅル（ニシキギ科）

開花時期：7〜8月

つる性の植物。枝先に縦に長い円錐形の花序を出し、直径6mmほどの緑白色の花を多く咲かせます。果実に3つの翼があるのが特長です。

マルバハギ（マメ科）

開花時期：8〜9月

低木で、林縁など日当たりの良い場所に生えます。花は長さ1〜1.5cmで紫紅色です。秋の花と思われがちですが、夏から咲き始めます。

カマツカ（バラ科）

開花時期：5〜6月

漢字で「鎌柄」。鎌の柄になるくらい固いところから。別名ウシコロシ。花は直径1cmで花弁は5枚、白い花を10〜20個かたまって咲かせます。秋、実は赤く熟します。

オオヤマザクラ（バラ科）

開花時期：5月

ヤマザクラより標高の高い、標高800m以上の山地に生えます。芽鱗が粘るのが特長。実は黒紫色に熟し、ツキノワグマなどの動物の好物です。

ズミ（バラ科）

開花時期：6〜7月

日当たりの良い場所や林縁部に生えます。葉の形は変異が多いです。花は蕾の時は赤く、開花すると白色。樹木一面に咲く姿は見事です。

オオウラジロノキ（バラ科）
開花時期：6月
花は直径 2.5 〜 3cmで白色、5 弁の花びらがあります。実は 10 月頃熟し、直径 2 〜 3cmでナシのような形、酸味があるが食べられます。

ミヤマニガイチゴ（バラ科）
開花時期：6 〜 7月
低木で、日当たりの良い場所に生えます。葉は大きく3 裂します。花は直径 2 〜 2.5cmで白く、花弁は 5 弁。秋、赤く熟し甘くておいしい。

アズキナシ（バラ科）
開花時期：6 〜 7月
落葉高木。枝の先に花序を出し、直径 1 〜 1.5cmで花びらが 5 弁の白い花を 10 〜 20 個咲かせます。秋、実は赤く熟します。

ウラジロノキ（バラ科）
開花時期：6 〜 7月
花は直径 1 〜 1.5cmで白色、5 弁の花びらがあります。実は 10 月頃熟し、直径 1cmで楕円形です。オオウラジロノキに比べ、花も実も本種の方が小型です。

シモツケ（バラ科）
開花時期：7 〜 8月
低木で、日当たりの良い場所に生えます。枝先に半球形の花序を出し、直径 3 〜 6mmで紅色の花を多く咲かせ、目立ちます。名のシモツケは下野の国（栃木）から。

コゴメウツギ（バラ科）
開花時期：6 〜 7月
低木です。花は円錐状の花序に沢山咲かせます。花、萼片ともに白色ですが、萼の筒の内側が黄色いので、遠目には黄白色に見えます。

ケヤキ（ニレ科）
日本の代表的な落葉高木のひとつ。樹形は「箒状・扇状」で葉の落ちた冬はすぐそれだと分かります。老木の樹皮は鱗片状にはがれます。葉は3～7cmほどで細長く、ふちは鋭い鋸歯があります。

ブナ（ブナ科）
日本では冷温地域に広く分布。那須平成の森では、深い渓谷沿いに大木が残っています。樹皮は灰白色で滑らかで凹凸が少なく、遠めでも目立ちます。秋、固い殻が4つに割れ、中から1.5cmほどの三角錐型の堅果が2個出てきます。

ミズナラ（ブナ科）
那須平成の森の中で、標高約800m以上の森で代表的な樹木です。実のドングリは2～3cmで、動物や昆虫の重要な栄養源となります。ミズナラの葉には葉柄がほとんどありません。

コナラ（ブナ科）
那須平成の森の中で、標高約800mより低い森で代表的な樹木です。実のドングリは1.6～2.2cmで、動物や昆虫の重要な栄養源となります。コナラの葉には1cmほどの葉柄があります。

ダケカンバ（カバノキ科）
シラカンバより高所に生えます。樹皮は明るい赤褐色や灰白褐色をしていて油分を含み、薄く剥がれます。パイオニアツリーとも呼ばれ、草原から森林に遷移する際に、早い段階で生えてくる樹木です。

ミズメ（カバノキ科）
別名、アズサ、ヨグソミネバリ。天皇陛下の「お印」の樹木です。樹皮を剥ぐとサロメチールの匂いがし、マタギの方は実際に湿布の代わりに使っていました。また、木工職人はミズメザクラと言って木の器の材料にするようです。

ウリハダカエデ（ムクロジ科）
葉の形は3裂ですが、5裂のものもあります。種子は2.5～3cm、翼は直角から水平に開きます。10月上～中旬、黄色から赤色に紅葉します。名は、幼木の樹皮がマクワウリの実の色と模様に似るところから。

カジカエデ（ムクロジ科）
名はカジノキの葉に似るところから。葉の形はカナダの国旗のような形です。種子は2.5～3cm、翼はほとんど開きません。10月上～中旬、黄色く黄葉します。

エンコウカエデ（ムクロジ科）
イタヤカエデと呼ばれることもあります。葉は5～7裂で、葉の形は変異が多いのが特長です。種子は2～3cm、翼の角度は変異が多いです。10月上～中旬、黄色く黄葉します。

メグスリノキ（ムクロジ科）
多くのカエデ類と違い、葉は3枚で1セットになります。葉は楕円形をします。葉柄と枝には毛が密生します。種子は4～5cmと大きく、翼の角度は様々です。10月上～中旬、サーモンピンクから濃い紅色に紅葉します。

ハウチワカエデ（ムクロジ科）
葉は7～12cmでカエデ類では大型、掌状に浅く7～11裂します。葉の大きさに比べ葉柄が短いのが特長。種子は2～2.5cmで、翼は水平～鈍角に開きます。葉が大きいので、紅葉（10月上～中旬）は目立ちます。

コハウチワカエデ（ムクロジ科）
葉は5～8cmで、掌状に浅く5～11裂します。種子は1.5～2cmで、翼はほぼ水平に開きます。10月上～中旬、黄色から赤色に紅葉します。

オオモミジ（ムクロジ科）
葉は 7 ～ 12㎝で、掌状に深く 5 ～ 9 裂しますが形に
変異も多いです。種子は 2 ～ 2.5㎝で、翼は鈍角に開
きます。10月上～中旬、黄色から赤色に紅葉します。

コミネカエデ（ムクロジ科）
葉は 5 ～ 8㎝。掌状に 5 裂しますが、真ん中の 3 枚
は尾状に伸びるので、葉は全体的に細長く見えま
す。種子は 1.5 ～ 2㎝で、翼は鈍角からほぼ水平に開きま
す。10月上～中旬、赤色に紅葉します。

ヒトツバカエデ（ムクロジ科）
葉は 10 ～ 20㎝で卵状の形をしていて、いわゆるカ
エデ類の切れ込みはありません。知らないとカエデと
は気が付きません。種子は 2.5 ～ 3.5㎝で、翼は鋭角
に開きます。10月上～中旬、黄色に黄葉します。

アサノハカエデ（ムクロジ科）
葉は 4 ～ 8㎝で、掌状に比較的浅く 5 ～ 7 裂します。
葉にしわが多いのが目立ちます。種子は 2 ～ 2.5㎝で、
翼はほぼ水平に開きます。10月上～中旬、黄色に黄
葉します。

トチノキ（ムクロジ科）
開花時期：6 ～ 7 月
長さ 15 ～ 25㎝の円錐状の花序を直立させ、直径約
1.5㎝の白い花を沢山咲かせます。葉は 5 枚で 1 セッ
ト、中央の葉は約 30㎝。実は直径 3 ～ 5㎝。

ツタウルシ（ウルシ科）
つる性の植物。つるから気根を出し、他の木に真っす
ぐ上に這い登ります。葉は 3 枚で 1 セット。樹液に
触れるとかぶれます。紅葉はオレンジ色から深紅色ま
でグラデーションし、とても美しいです。

哺乳類

両生類

爬虫類

鳥類

昆虫

植物（草本）

植物（木本）

菌類

130

サンショウ（ミカン科）

開花時期：5～6月

低木です。枝先に花序を出し、淡黄緑色の小さな花を咲かせます。葉は「木の芽」として薬味、実は「実山椒」として、粉にすると「粉山椒」として使われます。

ミズキ（ミズキ科）

開花時期：6～7月

樹液が多いので「水木」。枝先に花序を出し、白く小さい花を密に咲かせます。秋、地面に落ちた花序の枝は赤紫色で、サンゴのようです。

ヤマボウシ（ミズキ科）

開花時期：6～7月

白い花びらのように見えるのは、長さ3～8cmの総苞片で4枚あります。その中心に薄い黄緑色の小さい花を20～30個付け、秋に直径1～1.5cmの赤い実を付けます。

ノリウツギ（アジサイ科）

開花時期：7月下旬～9月

日当たりの良い場所や林縁に生えます。和紙を漉く時の糊材として使用。直径10～20cmの花序を出し、中心に白く小さい花を、周りに装飾花を付けます。

エゾアジサイ（アジサイ科）

開花時期：7～8月

本州では日本海側に分布。太平洋側の那須平成の森では、分水嶺に近いため自生。花は直径10～17cmの花序で、装飾花は淡い青紫色です。

コアジサイ（アジサイ科）

開花時期：7～8月

高さは1～2m。枝先に直径5cmほどの花序を出し、直径4mmほどの小さな花を沢山咲かせます。色は薄青紫色を中心に白っぽいものもあり、ほんのりと良い香りがします。

ナツツバキ（ツバキ科）

開花時期：7月

別名「シャラノキ」。花は直径5〜6㎝で白色。花が終わった後、地面に落ちている姿をよく目にします。樹皮は滑らかで斑模様になります。

サワフタギ（ハイノキ科）

開花時期：6〜7月

低木。漢字で「沢蓋木」で、沢に蓋をするように生えるところから。花は直径7〜8㎜で数個固まって咲かせます。秋、鮮やかな藍色に熟します。

サルナシ（マタタビ科）

開花時期：6〜7月

つる性の植物。直径1〜1.5㎝の白い花を下向きに咲かせます。秋、2〜2.5㎝の楕円形で緑黄色の実を付け、キウイフルーツに似ておいしいです。

リョウブ（リョウブ科）

開花時期：7〜8月

枝先から長さ10〜20㎝の花序を出し、5弁の白く小さな花を沢山咲かせます。樹皮は独特のまだら模様で、ナツツバキの種皮に似ます。

ホツツジ（ツツジ科）

開花時期：8〜9月

低木です。枝の先に円錐状の花序を出し、白から淡い紅色を帯びた花を多く付けます。雌しべの花柱はまっすぐ伸び目立ちます。

サラサドウダン（ツツジ科）

開花時期：5〜6月

高さは2〜5㎝。長さ8〜12㎜の釣鐘状の花を下向きに多数付けます。色は淡い白紅色に紅色の縦筋が入ります。

ベニサラサドウダン（ツツジ科）
開花時期：5〜6月
サラサドウダンの変種です。花の色がより濃く、濃い
紅色をしています。

アブラツツジ（ツツジ科）
開花時期：5〜6月
高さは1〜3m。那須平成の森では少ないツツジ。葉
の裏に光沢があるのでその名が付きました。白い花を
釣鐘上に下に向けて咲かせます。

ウラジロヨウラク（ツツジ科）
開花時期：6〜7月
低木で林縁に生えます。枝先に淡い紅色の花を数個〜
10個ほど咲かせます。花の形は釣鐘上で、下向きに
付き、花の先端は反り返ります。

トウゴクミツバツツジ（ツツジ科）
開花時期：5月
高さは2〜4mの低木。名の通り、三つ葉です。那
須のツツジの仲間では、最も早く咲き始めるツツジで
す。

ヤマツツジ（ツツジ科）
開花時期：5〜6月
高さは1〜3m。那須のツツジの仲間では最も多く自
生しています。

レンゲツツジ（ツツジ科）
開花時期：5〜6月
高さは0.5〜2.5m。ツツジの仲間では大ぶりの花を
付けます。葉や花に毒があります。ヤマツツジに遅れ
て咲き始めます。

シロヤシオ（ツツジ科）
開花時期：5月
高さは4～7m。別名ゴヨウツツジで、"五つの葉"があります。樹皮は他のツツジの仲間と違い、マツの樹皮に似ています。

バイカツツジ（ツツジ科）
開花時期：5～6月
高さは1～2m。那須平成の森では最も少ないツツジです。花は直径2cmほどで小さく、白く、上側の花びらに赤い斑点があります。

アオダモ（モクセイ科）
開花時期：5～6月
高さは5～15m。別名コバノトネリコ。野球のバットの材料として有名。枝を切って水に浸けると水が青くなるところからその名が付きました。

ムラサキシキブ（シソ科）
開花時期：7～8月
低木です。花序から大きさ数mm程度の薄紫色の花を多く咲かせます。秋、直径3mmほどの紅紫色の実を付け、森の中で目立ちます。

ハナイカダ（ハナイカダ科）
開花時期：5～7月
葉の真ん中に花を咲かせます。その姿を「筏」に見立てて名が付きました。花の色は淡緑色。9～10月、花の後に直径7～10mmの実が紫黒色に熟します。

アオハダ（モチノキ科）
開花時期：6～7月
樹皮を剥いだ内側の皮が緑色であるところから「青膚」と言います。花は白色で小さく（直径4mm）、短枝の先に数個咲かせます。秋に赤い実を付けます。

両生類

爬虫類

鳥類

昆虫

植物（草本）

植物（木本）

菌類

タラノキ（ウコギ科）

開花時期：8〜9月

幹の先に、直径30〜50cmの傘状の花序を出し、淡緑白色の小さな花を沢山咲かせます。秋、直径3mmほどの実を黒く熟させます。新芽は山菜として有名。

コシアブラ（ウコギ科）

開花時期：8〜9月

枝の先に花序を出し、小さな黄緑色の花を沢山咲かせます。秋に黒紫色の実を付けます。新緑の頃の葉は山菜として有名。葉は5枚で1セットです。

オオカメノキ（ガマズミ科）

開花時期：4〜5月

別名ムシカリ。葉が亀の甲羅のような形をしています。花はアジサイのような装飾花が目立ちます。花、装飾花ともに白色です。

ヤブデマリ（ガマズミ科）

開花時期：6〜7月

林内の沢沿いや日陰に生えます。花は直径5〜10cmで、花序の中央に小さい花を沢山咲かせ、周りに直径2〜4cmの白い装飾花を付けます。

ミヤマガマズミ（ガマズミ科）

開花時期：6〜7月

ガマズミに似ますが、本種の方が葉の先端が尖ります。枝先に直径6〜10cmの花序を出し、小さな白い花を沢山咲かせます。秋、実は赤く熟します。

オトコヨウゾメ（ガマズミ科）

開花時期：5〜6月

高さは3mほど。枝先に花序を出し10〜20個の花を咲かせますが、ガマズミ類に比べると、まばら感があります。花は直径6〜9mmで白色ですが紅色味を帯びます。

ベニバナノツクバネウツギ（スイカズラ科）
開花時期：6〜7月
日当たりの良い場所や林縁に生えます。花が白いツクバネウツギの変種。5枚の萼片が、"羽根つき"の羽根に似るので名が付きました。

ミヤマウグイスカグラ（スイカズラ科）
開花時期：4月
高さは2mほどの落葉低木。枝先に淡い紅色の花を下向きに付けます。花の直径は1〜2㎝、先端は5裂します。花の後、赤い実を付けます。

スイカズラ（スイカズラ科）
開花時期：6〜7月
つる性の低木。枝先に甘い香りのする花を2つ咲かせます。色は白から次第に黄色味を帯びてきます。秋、果実は5〜6㎜で黒く熟します。

ベニバナニシキウツギ（スイカズラ科）
開花時期：6〜7月
日当たりの良い場所や林縁に生えます。ニシキウツギの変種。ニシキは花が白から紅色に変化するので付きましたが、本種は初めから濃紅色をしています。

ニシキウツギ（スイカズラ科）
開花時期：6〜7月
日当たりの良い場所や林縁に生えます。開花したばかりは白色ですが、だんだんと紅色に変化していき、紅白の花が楽しめます。名もそこから。

キバナウツギ（スイカズラ科）
開花時期：5〜6月
高さ3mほどの低木です。花は漏斗状になっていて、やや下向きに花を咲かせます。花の色は、やや緑がかった淡い黄色です。

ロクショウグサレキン（ロクショウグサレキン科）
　　大きさ：幅2〜5mm　季節：夏〜秋　場所：枯木
ロクショウは漢字で「緑青」。その名の通り菌全体が
緑青色になりますが、発生する枯木自体も緑青色に染
まります。

ミミブサタケ（ベニチャワンタケ科）
大きさ：5〜15cm　季節：夏〜秋　場所：樹林の地上
茶碗のような形をしたキノコの仲間です。茶碗の部分
が細長く、ウサギの耳のように見えるところから名が
付きました。

サナギタケ（ノムシタケ科）
大きさ：2〜8cm　季節：夏〜秋　場所：ガのさなぎなど
いわゆる「冬虫夏草」で、地中で昆虫などに寄生して
殺し、その後キノコを生やします。キノコはオレンジ
色でこん棒の形をしています。

マメザヤタケ（クロサイワイタケ科）
　　大きさ：3〜7cm　季節：年中　場所：枯木
黒い色をしていて、人の指のような形です。形は様々
で、触ると硬いです。

ベニナギナタタケ（シロソウメンタケ科）
大きさ：9〜12cm　季節：夏〜秋　場所：樹林の地上
色は黄色く、棒状に何本ものキノコが束になって発生
します。

ウスタケ（ラッパタケ科）
大きさ：10〜15cm　季節：夏〜秋　場所：樹林の地上
科の名のようにラッパの形をしています。紅色からオ
レンジ色をしています。毒があります。

ヤマブシタケ（サンゴハリタケ科）
　大きさ：5〜10㎝　季節：秋　場所：枯木
白く丸いキノコで枯木に発生するので良く目立ちます。山伏の衣装の飾りに似る所からその名が付きました。食べることができます。

ブナハリタケ（シワタケ科）
　大きさ：幅3〜10㎝　季節：秋　場所：ブナの枯木
白い色をしたキノコです。まとまって生え、塊のように見えます。近くに寄ると甘い香りがします。食べることができます。

ヒラタケ（ヒラタケ科）
　大きさ：幅5〜15㎝　季節：秋〜春　場所：枯木
こげ茶色をしています。枯木に固まるように生えます。食べることができます。

ウスヒラタケ（ヒラタケ科）
　大きさ：幅2〜8㎝　季節：春〜秋　場所：枯木
とても白っぽい薄茶色をしています。柄が短くて、かさが横に向かって伸びます。食べることができます。

マスタケ（ツガサルノコシカケ科）
　大きさ：幅10〜30㎝　季節：夏〜秋　場所：枯木
魚の鱒の肉色に似ていてオレンジ色をしているところから、名が付きました。枯れ木に生え、大きく、明るい色なので良く目立ちます。

マイタケ（トンビマイタケ科）
大きさ：幅10〜30㎝　季節：秋　場所：樹木の根元
那須平成の森では、ミズナラの根元でよく見つかります。食べておいしいですが、昆虫たちも好物のようです。

哺乳類

両生類

爬虫類

鳥類

昆虫

植物（草本）

植物（木本）

菌類

シイタケ（ツキヨタケ科）
　　　大きさ：3～5㎝　季節：春～秋　場所：枯木
良く知られる、食べることができるキノコです。普通
にスーパーに売っていますが、江戸時代から栽培され
ていたようです。

ツキヨタケ（ツキヨタケ科）
大きさ：幅10～25㎝　季節：夏～秋　場所：ブナの枯木
枯木から発生します。茶色をしていますが、夜、光っ
て見えるところから、名が付きました。毒を持ちます。

ムキタケ（ガマノホタケ科）
　　　大きさ：3～5㎝　季節：夏～秋　場所：枯木
柄は短く、枯木に生えます。薄茶色をしています。毒キ
ノコのツキヨタケに似ますが、本種は根元に黒いしみは
ありません。食べることができますが、見分けは要注意。

ナラタケ（タマバリタケ科）
　　　大きさ：4～15㎝　季節：春～秋　場所：枯木
地味な色をしていて、枯木に束になって生えます。「道
の駅」などでも売っていて食用ですが、生で食べると
中毒を起こします。

ヒメベニテングタケ（テングタケ科）
大きさ：4～11㎝　季節：夏～秋　場所：樹林の地上
タマゴタケに似ますが、本種はかなり小さく、タマゴ
タケの柄には斑模様がありますが、本種にはありませ
ん。幼菌はオレンジ色です。

タマゴタケ（テングタケ科）
大きさ：10～20㎝　季節：夏～秋　場所：樹林の地上
幼菌が白い卵の形をしていますが、キノコになるとオ
レンジ色から紅色になり森の中で目立ちます。食べる
ことができます。

菌

ドクツルタケ（テングタケ科）
大きさ：14〜24㎝　季節：夏〜秋　場所：樹林の地上
真っ白で美しいキノコですが、猛毒を持っています。

モエギタケ（モエギタケ科）
大きさ：4〜10㎝　季節：夏〜秋　場所：樹林の地上や草原
色は萌黄色(青緑色)をしていて、"ぬめり"があります。

ムラサキアブラシメジモドキ（フウセンタケ科）
大きさ：4〜7㎝　季節：秋　場所：樹林の地上
紫色の美しいキノコです。ぬめりがあるので、艶があるように見えます。食べることができます。

コガネヤマドリ（イグチ科）
大きさ：6〜11㎝　季節：夏〜秋　場所：樹林の地上
明るい黄土色からオレンジ色をしています。

チチタケ（ベニタケ科）
大きさ：6〜10㎝　季節：夏〜秋　場所：樹林の地上
赤茶色をしています。キノコに傷を付けると、白い乳液が出ます。栃木県ではチタケと呼び、「そば」の具材として使われます。

チシオタケ（クヌギタケボ科）
大きさ：2〜13㎝　季節：夏〜秋　場所：枯木
名のチシオは「血潮」のことで、傷を付けると赤い汁が出ますが、キノコの色自体も赤紫色をしています。枯木に群生します。

ツチグリ（ディプロキスティス科）
大きさ：直径2㎝　季節：夏～秋　場所：樹林の地上
胞子が熟すと星の形をした外皮が開きますが、乾燥すると閉じます。

クチベニタケ（クチベニタケ科）
大きさ：直径0.5～1㎝　季節：夏～秋　場所：樹林の地上
胞子を出す穴の周りが赤く、口紅のように見えるので名が付きました。

タヌキノチャブクロ（ホコリタケ科）
　大きさ：直径3～6㎝　季節：夏～秋　場所：枯木
球体をしていて、頂点の穴から胞子を出します。近似種のホコリタケ（キツネノチャブクロ）は地上に発生します。

キツネノチャブクロ（ホコリタケ科）
大きさ：直径3～6㎝　季節：夏～秋　場所：樹林や草地の地上
球体をしていて、頂点の穴から胞子を出します。近似種のタヌキノチャブクロとは、発生する場所の違いで見分けます。

キイロスッポンタケ（スッポンタケ科）
　　大きさ：8～12㌢、季節：夏～秋、場所：倒木
頭部にはグレバという胞子の固まりが付いていて匂いがきついですが、昆虫には好まれ、それによって胞子を運んでもらいます。

キツネノエフデ（スッポンタケ科）
大きさ：8～12㎝　季節：夏～秋　場所：草地の地上など
キノコの下部は白色ですが、先端は濃い紅色しています。先端は強い匂いがありますが、それに惹かれて昆虫が集まります。

菌類

参考文献

叶内拓哉、安部直哉、上田秀雄　2002　山渓ハンディ図鑑7 日本の野鳥　山と渓谷社　東京

今泉忠明　2004　野生動物観察事典　東京堂出版　東京

増井光子　1983　自然観察と生態シリーズ10 日本の動物　小学館　東京

松井正文、疋田努、太田英利　2022　小学館の図鑑NEO 新版両生類はちゅう類　小学館　東京

奥山風太郎　2011　山渓ハンディ図鑑9 日本のカエル＋サンショウウオ類　山と渓谷社　東京

小池啓一、小野展嗣、町田龍一郎、田辺力　2022　小学館の図鑑NEO 新版昆虫　小学館　東京

須田真一、永幡嘉之、中村康弘、長谷川大、矢後勝也　2019　フィールドガイド　増補改訂版日本のチョウ　誠文堂新光社　東京

江崎悌三、一色周知、六浦晃、井上寛、岡垣弘、緒方正美、黒子浩　1971　原色日本蛾類図鑑（下）改訂新版　保育社　大阪

保坂健太郎　2022　小学館の図鑑NEO 改訂版きのこ　小学館　東京

林弥栄、門田裕一　2017　山渓ハンディ図鑑1 増補改訂新版野に咲く花　山と渓谷社　東京

門田裕一、畔上能力　2018　山渓ハンディ図鑑2 増補改訂新版山に咲く花　山と渓谷社　東京

猪狩貴史　2010　カエデ識別ハンドブック　文一総合出版

栃木県立博物館　2002　那須御用邸の動植物相　栃木県立博物館

那須御用邸生物相調査会　2009　那須御用邸の動植物相II　那須御用邸生物相調査会

あとがき

　那須平成の森で行われているガイドウォーク等のプログラムを始めとして、生息する生き物たちを紹介してまいりました。読後の感想はいかがでしたでしょうか。私達インタープリターは、ここを訪れるビジターの方々の様々な関心や目的に合わせて、那須平成の森が発するメッセージを届けようと日々研鑽をつんでいます。季節や時間、天候などによって、自然は一瞬一瞬で姿や形が変わります。その繊細な変化を見逃さないように、自然と会話することをルーティンにして森の中を歩いているのです。DX（デジタル・トランスフォーメーション）が発達した現代社会では、自分が欲しいと思った情報や物は素早く手に入れることが可能です。人間の欲求には限界がないので、「もっと早く」、「もっと効率よく」という要求に対して、デジタル技術は進歩し続けるでしょう。

　それに比べて自然を代表する、例えば日本の山々は、100 年前と変わらない姿でそこに立っています。そして、自然が持っているメッセージはそこに行かないと受け取ることができません。「国立公園に行ったことがない」という 10 代の若い方たちが増えていると聞きます。実際に山を登ったり、高層湿原を歩いたりして、得られた五感や自分自身の感情や肉体の変化に気づいてほしいと思います。那須平成の森は、インタープリテーションを通して、自然が持つ意味や、その生き物の存在意義を、やさしくわかり易くビジターに伝えることを使命としています。是非、このフィールドガイドを手にとって、ガイドウォークに参加していただきたいと思います。そして、あなた自身が感じた自然からのメッセージを、他の参加者や案内してくれたインタープリターに教えて下さい。一人でも多くの方が、那須平成の森に来られて、那須平成の森のファンになってもらいたいと思っています。日本には、那須平成の森（日光国立公園）の他に国立公園は全部で 35 か所あります（令和 6 年度現在）。是非、各地の国立公園を尋ねて、その場所ならではの自然の価値をご自身で体感してください。日本の豊かな自然が後世にまで伝えられるよう、是非、皆様のお力をお貸しください。

　最後になりましたが、今回のフィールドガイド作成にあたりまして、株式会社メイツユニバーサルコンテンツの前田信二様には、多大なご協力とご支援を頂きました。改めてここに謝辞と御礼を申し上げます。

2024 年秋

若林　正浩（元那須平成の森センター長）

若林千賀子（元那須平成の森インタープリター）

著者　若林正浩

　1960 年三重県生まれ。2023 年 3 月まで公益財団法人キープ協会に勤務。2011 ～ 2023 年まで日光国立公園那須平成の森フィールドセンター長。その間、インタープリテーションを中心とした自然体験型環境教育をテーマとした多くの人材育成に携わる。現在、若林環境教育事務所所属。山梨県清里在住。

著者　若林千賀子

　1960 年福島県生まれ。公益社団法人日本環境教育フォーラムの設立当時より事務方を務め 2010 年まで理事。NPO 法人自然体験活動推進協議会理事他、指導者養成カリキュラム作成や人材養成事業に関わる。2011 ～ 2023 年まで日光国立公園那須平成の森にてインタープリター業務。現在、若林環境教育事務所代表。山梨県清里在住。

日光国立公園「那須平成の森」

　〒 325-0302
　栃木県那須郡那須町高久丙 3254
　TEL:0287-74-6808
　FAX:0287-74-6809
　https://nasuheisei-f.jp

【写真提供】
日光国立公園那須平成の森

【Book Design】
・中西佳奈枝

日光国立公園　那須平成の森フィールドガイド

●●●●●●●●●●●●●●●●●●●●●●●●●●●●●●●●●●●●●

2024 年 9 月 30 日　第 1 版・第 1 刷発行

著　者 ……　若林正浩・若林千賀子
発行者 ……　株式会社メイツユニバーサルコンテンツ

　　　　　代表者　大羽 孝志　発行者　前田 信二
　　　　　〒 102-0093 東京都千代田区河河町 1-1-8

印　刷 ……　シナノ印刷株式会社
　　◎「メイツ出版」は当社の商標です。

●●●●●●●●●●●●●●●●●●●●●●●●●●●●●●●●●●●●●